KB036833

자연의 해석에 대한 단상들

ⓒ 도서출판 b, 2020

자연의 해석에 대한 단상들

초판 1쇄 발행 2020년 1월 23일

지은이 드니 디드로 | 옮긴이 이충훈 | 펴낸이 조기조 | 펴낸곳 도서출판 b | 등록
2003년 2월 24일 제2006-000054호 | 주소 08772 서울특별시 관악구 난곡로 288 남진빌딩
302호 | 전화 02-6293-7070(대) | 팩시밀리 02-6293-8080 | 홈페이지 b-book.co.kr | 이메일
bbooks@naver.com

ISBN 979-11-89898-19-9 93160
값 10,000원

자연의 해석에 대한 단상들

Pensées sur l'interprétation de la nature

드니 디드로 | 이충훈 옮김

도서출판 b

| 일러두기 |

    1753년판의 제목은 『자연의 해석에 관하여*De l'interprétation de la nature*』로, 출판 장소도 출판사 이름도 밝히지 않은 채 출판되었다. 1754년판의 제목에 「단상들*Pensées*」이 추가되고 분량은 12절판 206페이지로 약 두 페이지 정도가 추가되었다. 역시 출판 장소도 출판사 이름도 보이지 않는다. 1753년판과 1754년판에 사용된 제목은 제임스 1세의 국새상서(國璽尚書)직을 맡았던 프랜시스 베이컨의 영향을 그대로 보여준다. 국새상서란 국왕의 인장을 관리하는 직위로 국왕의 공문서를 담당하는 중요한 직책이다. 베이컨의 여러 저작에서 '자연의 해석'이라는 제목이 자주 등장한다. 『발레리우스 테르미누스. 자연의 해석에 대하여*Valerius Terminus; of the Interpretation of Nature*』(1603), 『자연의 해석 입문*De Interpretatione naturae prooemium*』(1603), 『자연의 해석의 사유와 관점*Cogitata et Visa de Interpreta tione Naturae*』(1607), 『자연의 해석에 대한 의견*De Interpretatione Naturae Sententiae*』(1608) 등이 그것이다. 베이컨의 주저 『신기관*Novum Organum*』에는 '자연의 해석의 진정한 지침들'이라는 부제가 붙어있다. "[…] 오늘날 우리들이 자연에 대해 적용하고 있는 추론을 (경솔하고 미숙한 것인 만큼) '자연에 대한 예단'이라 부르기로 하고, 사물로부터 적절하게 추론된 것을 '자연에 대한 해석'이라고 부르기로 하자. 우리는 자연에 부과된 인간의 이성을 자연의 예측으로 부른다(왜냐하면 그것은 과감하고 서둘러 처신하기 때문이다). 그리고 요청된 방법에 따라 사물로부터 끌어낸 이 이성을 자연의 해석이라고 부른다."(베이컨, 『신기관』, I, §26, 진석용 역, 한길사, 45쪽)

| 차 례 |

자연철학을 연구하고자 하는 젊은이들에게[1]

젊은이여, 책을 들어 읽어 보시게. 자네가 이 책을 통독할수 있다면 더 나은 책을 이해 못할 것도 없다네. 자네를 가르치기보다는 훈련하는 데 목적이 있으니, 내가 제시한 생각에 관심만 갖는다면야 그 생각을 받아들이든 거부하든 내 알바는 아니네. 자연이 발휘하는 힘에 대해서라면 더 능숙한 사람에게 배우도록 하시게. 자네의 힘을 시험해보는 계기가 되었다면 그것으로 나는 만족일세. 안녕히.

추신. 책을 읽기 전에 한 마디만 더 듣고 가게나. '자연'은 '신'이 아니고,[2] '인간'은 '기계'가 아니고,[3] '가설'은 '사실'이 아님[4]을 항상 염두에 두시게. 어디서든 이 세 원칙에 반(反)하는 무언가를 찾았다고 생각한다면 자네는 내 생각을 전혀 이해하지 못한 것임을 명심하시게.

• •

2. "신이 곧 자연(Deus sive natura)"이라는 스피노자의 체계를 가리킨다. "[…] 자연이 목적을 위하여 작용하지 않는 […] 이유는 우리들이 신 또는 자연이라고 부르는 저 무한한 유(有)는 자신이 존재하는 것과 똑같은 필연성을 가지고 작용하기 때문이다. 왜냐하면 우리들은 신은 자신이 존재하는 것과 같은 본성의 필연성에 의하여 작용한다는 것을 제시하였기 때문이다. 그러므로 왜 신이나 자연이 작용하고 존재하는가에 대한 이유나 원인은 동일하다. 따라서 신이 어떤 목적인을 위해서도 존재하지 않는 것처럼 어떠한 목적인을 위해서도 작용하지 않는다. 신은 존재에서와 마찬가지로 작용에서도 아무런 원리나 목적을 갖지 않는다."(스피노자, 『에티카』, IV, 서문, 강영계 역, 서광사, 208-209쪽). 피에르 벨은 『역사적이고 비판적인 사전』의 「스피노자」 항목에서 스피노자의 체계를 이 말로 규정했고, 18세기에 스피노자주의는 그러한 입장을 따르는 것으로 간주되었다.

3. 노골적으로 유물론을 주장했던 라 메트리의 『인간기계(L'Homme-machine)』(1748)를 암시하고 있다.

4. 디드로는 가설을 이용해 자연을 해석하고, 연구의 방향을 정하고, 사실들을 연결짓거나 발견하는 데 도움을 받을 수 있지만, 그 가설을 사실로 간주하면서 오류를 범한다고 비판한다. 디드로가 1754년판에서 이 서문을 추가한 것은 미리 이 책이 스피노자주의와 라 메트리의 유물론과 거리를 두고 있다는 점을 부각하기 위해서이다.

자연의 해석에 대하여

Quae sunt in luce tuemur

E tenebris

어둠속에서

빛 가운데 있는 것들을 본다.

루크레티우스, 6권[5]

I

나는 자연에 대해 <u>쓰고</u>자 한다.[6] 나는 머릿속에 주제들이

· ·

5. 루크레티우스, 『자연에 관하여』, IV, v.337, 강대진 역, 아카넷, 2011, 293쪽. 원문은 *E tenebris autem quae sunt in luce tuemur*와 같은데, 디드로는 기억에 의존해 인용한 듯하다. 인용된 시구의 순서가 정확치 않고 책의 권수 표기에서 오류가 있다. 디드로는 에피쿠로스의 환영 이론과 관련된 루크레티우스의 문장을 18세기의 이상을 따라 변형시킨다. 우리는 아직도 암흑(편견, 미신, 무지)에 빠져 있으나, 빛(지식)을 볼 수 있고 지식의 확산에 공헌할 수 있다.

6. 이 첫 번째 문장은 "나는 신에 대해 쓴다"고 했던 1745년의 『철학적 단상』의 서두와 짝을 이룬다. 위험한 사상을 가졌다고 판단되어 요주의 인물이었던 디드로는 이 책에서 자신이 이전의 저작처럼 '위험한' 주제를 다루지 않겠다는 점을 미리부터 검열관에게 알리고 있다.

떠오르는 순서에 따라 내 붓 가는 대로 단편적인 생각들이 이어지도록 할 것이다. 그 생각들이 내 정신이 어떤 변화를 겪고 어떤 방향으로 흘러가는지 잘 보여줄 것이다. 그것은 실험적 기술art expérimental에 대한 일반적인 관점이거나, 우리네 철학자들이 전부 달려드는 것 같은 어떤 현상에 대한 개별적인 관점일 것이다. 그러나 그들은 그 현상에 대해 입장이 둘로 갈라지는 것 같다.[7] 내가 보기에 한쪽 입장의 철학자들은 도구는 많은데 관념은 없다시피 하고, 다른 입장의 철학자들은 관념은 많은데 도구는 없다시피 하다. 진리를 추구하려면 머리로 깊이 성찰하는 사람들과 부지런히 몸을 움직이는 사람들이 협력해야 하지 않겠는가. 그래야 사변적인 사람이 굳이 몸을 움직이지 않아도 되고, 손을 써서 일하는 사람[8]은

• •

7. "철학자"는 18세기의 맥락에서 모든 학자들을 포함하는 넓은 의미로 쓰였다. 이들을 양분하는 '현상'은 이 책의 뒷부분에 등장하는 생명, 생명체, 생식에 관한 것이다. 한편에는 뷔퐁, 모페르튀(와 디드로 자신)와 같은 이론가들이 있고, 다른 한편에는 레오뮈르로 대표되는 관찰자들이 있다. 디드로가 55절에서 인용하고 있는 책인 르라르주 드 리냑의 『한 아메리카인의 편지』에서 볼 수 있듯이 뷔퐁과 레오뮈르의 논쟁은 치열했다. 세심한 곤충학자로서 레오뮈르는 『곤충의 자연사를 위한 논문집(*Mémoires pour servir à l'histoire des insectes*)』(1734-1742)을 썼고, 뷔퐁은 『일반적이고 개별적인 자연사 (*Histoire naturelle générale et particulière*)』라는 방대한 저서를 펴냈다. 디드로는 54절에서 "위대한 대상에 위대한 천재가"라는 표현으로 뷔퐁에 대한 그의 신임을 표현한다.

부단히 몸을 움직여 자기가 정한 목표를 달성하고, 우리가 기울이는 모든 노력이 하나로 결합되어 자연의 저항에 동시에 맞설 수 있고, 철학자들은 이렇게 동맹을 맺어 각자 자기에게 적합한 역할을 수행할 수 있게 된다.[9]

II

오늘날 더없이 담대하고 단호하게 선언되었던 한 가지 진리[10]가 있다면 수학 분야는 지성이 담당하는 세계로, 엄격한 진리라고 생각한 것을 지상으로 가져오게 되면 그것이 가졌

---

8. 손을 써서 일하는 사람(Manoeuvre). 아카데미 사전은 "손을 써서 노동하는 사람으로, 미장이 보조나 기와공 보조를 부르는 말"이라고 설명한다. 디드로는 베이컨과 마찬가지로 그들의 시대에 이 말이 가졌던 경멸적인 의미를 배제하고 사용하고 있다.

9. "경험의 능력과 이성의 능력이라는 이 두 가지 능력이 아직까지는 결합되지 못한 상태에 있지만 지금까지 시도되었던 것보다 더 긴밀하고 순수하게 결합된다면 좋은 결과가 나올 것이 틀림없으므로 이것으로 희망의 근거를 삼아도 좋다."(베이컨, 『신기관』, 위의 책, 108쪽) 베이컨이 표현한 것처럼 디드로는 이론가와 실천가의 결합이라는 생각을 『백과사전』의 『기술』 항목에서 발전시켰다. 그런데 여기서 말하는 "철학자들의 동맹"은 무엇보다 『백과사전』의 저자 집단인 "문인협회"를 염두에 둔 것이다. 디드로는 『백과사전』의 기획은 "단 한 사람의 작업일 수 없다"고 확신한다(디드로, 『백과사전』, 이충훈 역, 도서출판 b, 10쪽).

10. [원주] 『자연사』 1권, 논고 1을 참조.

던 장점이 완전히 사라진다는 점이다.[11] 훌륭한 자연학자[12]라면 이 진리를 반드시 염두에 두어야 하며, 그것으로 더없이 유리한 결과를 얻을 수 있을 것이다. 이로써 기하학이 범했던

● ●

11. 이미 베이컨은 수학이 자연학의 시녀였을 뿐이지만 자연학을 좌지우지하겠다는 포부를 가졌던 점을 비판했다.(『학문의 증진과 존엄에 대하여(*De la dignité et de l'accroissement des sciences)*』, l. III, chap. 6) 디드로는 주석을 달아 표시했듯 여기서는 뷔퐁의 영향을 강조한다. 『일반적이고 개별적인 자연사』의 첫 번째 논고인 『자연사를 연구하고 다루는 방법에 대하여』에서 뷔퐁은 수학적 진리와 자연학의 진리에 차이가 있다고 말한다. "수학적 진리는 단지 정의(定意)의 진리에 불과하고, 이렇게 말할 수 있다면 동일한 사물의 상이한 표현일 뿐이다. 그리고 […] 수학적 진리는 우리가 동일하게 정의를 내릴 때에만 확보된다. 이런 이유로 수학적 진리는 항상 정확하고 지시적이라는 장점이 있지만, 결국 추상적이고, 지성적이고, 임의적이다. 반대로 자연학의 진리는 전혀 추상적이지 않고, 우리와 별개의 것이다. 자연학의 진리의 토대는 우리가 세운 가설이 아니라 오직 사실들이다. 자연학의 진리는 유사한 사실들이 연속될 때, 이렇게 말할 수 있다면 동일한 사건들이 중단 없이 연속되고 빈번하게 반복될 때 확보된다."(뷔퐁, 『자연사』, éd. P. Flourens, t; I, Paris, Garnier Frères, 1855, 28쪽. 이하 뷔퐁의 『자연사』에서 인용할 경우 위의 판본을 따라 권과 페이지만 기록하기로 한다.)

12. 18세기에 자연학자(physicien)라는 말은 넓은 의미로 자연을 연구하는 모든 학자를 가리킨다. 『퓌르티에르 사전』은 이 말을 "자연을 알고, 자연의 결과들을 설명하고, 자연학을 가르치는 사람"이며, "현대의 자연학자들은 과거의 자연학자들을 능가했다. 올바른 자연학자를 만드는 것은 경험이다. 과거에는 의사들을 자연학자라고 불렀다"고 설명한다.

계산의 오류를 실험철학이 정정했다는 결론이 났고, 이 점에 대해서는 기하학자들도 인정했다. 그런데 기하학의 계산을 실험으로 정정해보려 한들 무슨 소용인가? 실험 결과를 얻은 것으로 만족하는 편이 더 빠르지 않을까? 이 점을 통해 수학, 특히 초월 기하학[13]은 실험을 통하지 않고서는 정확성을 확보할 수 없으며, 수학이란 물체가 완전히 개별 성질을 잃는 일반 형이상학과 같고,[14] 앞으로 수학 분야에서 할 일로 남은 것은 고작해야 『경험의 기하학적 적용』이나 『측정 착오에 대한 논고』라는 제목일 엄청난 분량의 저작을 편찬하는 일뿐이리라는 것을 알 수 있다.[15]

• •

13. "'초월 기하학'은 모든 종류의 곡선의 속성을 고찰하는 기하학의 한 가지 하위 분과의 이름이다. 초월 기하학을 통해 미분과 적분 계산과 같은 대단히 까다로운 분석의 속성을 발견할 수 있다."(달랑베르, 「초월(Transcendant)」 항목) 달랑베르의 설명에 따르면 이 단어는 바로 이 무렵에 사용되기 시작한 것 같다. 『트레부 사전』은 1752년에 낸 증보판에서 이 단어를 추가하면서, "계산식에 무한을 도입한 기하학"으로 정의했다.

14. 『트레부 사전』은 일반형이상학(métaphysique générale)을 "자연신학 혹은 학문일반"이라고 정의한다. "이는 모든 학문의 몸통 혹은 뿌리와 같다. 그것의 대상은 실재하거나 사유에 의한 것이거나 모든 물질로부터 분리되어 있는 일반 존재로서의 신이다."

15. 갈릴레이 이후, 자연의 연구에서 지나칠 정도로 수학이 사용된다는 생각은 18세기에 일반적이었고, 달랑베르와 같은 수학물리학자들도 이 비판을 어느 정도 수긍했다. 달랑베르는 『백과사전』에 부친

III

게임의 정신을 가진 사람과 수학적 천재를 가진 사람 사이에 어떤 관계가 있는지 모르겠지만,[16] 게임과 수학은 상당한

서문에서 다음과 같이 썼다. "그러나 기하학자들이 때로 자연학에 지나칠 정도로 대수학을 적용한다는 점을 지적하지 않을 수 없다. 이들 기하학자들은 계산의 기준을 마련해주는 경험이 없었기 때문에 가장 편리한 가설을 사용해본 것이다. 이 가설은 편리하기는 했지만 종종 실제로 자연에 존재하는 것과 터무니없이 달랐다. 의학에서는 치료의 기술까지 계산식으로 축소해보려고도 했다. 인간의 육체는 정말 얼마나 복잡한 기계와 같은가. 그런데 대수학(代數學)을 공부한 우리나라의 의사들은 그것을 너무도 단순해서 눈 깜짝할 사이에 해체할 수 있을 기계로 다룬 것이다. […] 우리는 그들보다 더 현명하고 더 소심해서 이러한 계산식들과 모호한 가정들 대부분을 자연의 질서와는 무관한 정신의 유희로 다루는 것으로 그칠 것이다. 그러므로 자연학에서 유일한 철학의 방법은 수학적 분석을 경험에 적용하는 것이거나, 방법적 정신이 밝혀낸 관찰로 이루어지는 것이다. 그 관찰은 간혹 새로운 시각을 제시해줄 수 있는 가설의 도움을 받을 수도 있겠지만, 임의적인 것에 불과한 가정은 철저히 배제해야 한다."(ENC, t. I, vii)

16. 디드로는 『백과사전』의 「놀이(*jouer*)」 항목에서 확률론을 다룬 후 그 관계와 한계를 다음처럼 명시한다. "이 문제들의 복잡한 해결을 통해 유희의 정신은 흔히들 생각하는 것처럼 그렇게 경멸받을 것이 아니라고 생각하게 된다. 유희의 정신은 대단히 구분하기 어려운 장점과 단점을 즉각 어림셈으로 평가한다. 가장 섬세한 수학자가 연구실에서 고생 고생하여 발견하는 것을 도박사들은 손에 카드를 들고 눈 깜짝할 사이에 판단하고 패를 던진다. 기하학이라는 직업과

관계가 있다. 한편으로 운수에서 불확실한 점을 제외하고, 다른 한편으로 그렇게 제외된 것을 추상화작용을 통해 부정확하게 남은 것과 비교해본다면, 한 판의 게임은 주어진 조건에 따라 불연속적으로 이어지는 문제들을 해결하는 것이라고 생각해볼 수 있다. 수학문제는 통일된 정의를 따라야지 여기서는 이렇게 정의하고 저기서는 다르게 정의해서는 안 된다. 수학자들이 다루는 '사물'이나 도박사가 다루는 '사물'이나 자연에 존재하지 않는다는 점에서는 동일하다. 어느 쪽이나 관례적으로 합의해야 하는 사항이기는 마찬가지이다.[17] 기하학자가 형이상학자들을 비난했을 때, 기하학자들

도박사라는 직업에 어떤 친화성이 있더라도, 훌륭한 기하학자가 훌륭한 도박사이고, 훌륭한 도박사가 훌륭한 기하학자인 *경우*는 어느 쪽도 거의 없다시피 하다. 그렇지만 훌륭한 기하학자가 문제를 엄격한 방식으로 해결하는 데 익숙해 있고 조금이라도 부정확한 것을 참아낼 수 없는 반면, 훌륭한 도박사들은 조금이라도 부정확한 것을 고려하는 데 익숙해 있고 기하학적인 정확성을 결코 따를 수 없기 때문이라고 볼 수는 없다."(ENC, t. VIII, 888)
    디드로는 여기서 달랑베르가 쓴 『기하학자』 항목을 상기하고 있는 것 같다. 달랑베르는 이 항목에서 기하학자의 정신과 게임의 정신을 대립시킨다. "기하학자의 정신은 계산과 결합의 정신임이 분명하다. 그러나 그것은 세심하고 느리게 진행된다. [⋯] 게임의 정신은 빠르게 진행되는 결합의 정신으로, 단번에, 모호하게 수많은 경우를 파악한다. [⋯] 그러므로 위대한 기하학자가 대단히 형편없는 도박사이곤 해도 놀랄 것이 없다."(ENC, t. VII, 628)

가운데 기하학이라는 학문도 사실은 그저 형이상학에 불과하다고 생각한 사람은 아무도 없었다. 언젠가 형이상학자란 뭘 하는 사람이냐는 질문을 받자, 한 기하학자가 대답하기를 아무것도 아는 것이 없는 자라고 했다. 내가 보기에는 화학자, 자연학자, 자연사가自然史家를 비롯하여 실험적인 기술에 종사하는 모든 사람들이 앞에서 기하학자들이 내린 판단을 듣고 격분하여 형이상학이 받아야 했던 치욕을 갚아주고자, 이제 기하학자들을 마찬가지 방식으로 정의하는 것 같다. 그들은 이제 이렇게 말한다. 브래들리[18]나 르 모니에[19]더러 계속 하늘

17. "진리에도 종류가 여러 가지이고, 관례적으로 수학의 진리를 최고로 치곤 한다. 그러나 수학의 진리는 정의(定意)상의 진리일 뿐이다. 이 정의들은 단순하지만 추상적인 가정들을 기초로 한다. 이런 종류의 진리들은 그저 정의들을 결합한 결과일 뿐이고, 추상적이기는 마찬가지다. […] 그러므로 우리가 수학적 진리라고 부르는 것은 관념들의 동일성일 뿐이며 전혀 실재가 없다. 우리는 가정하고, 그 가정에 따라 추론하고, 가정에서 결과를 끌어내고, 결론을 내리고, 이 결론이나 마지막 결과가 진실한 명제가 된다. 하지만 이 진리는 가정 자체보다 더 실재하는 것이 아니다."(뷔퐁, 『자연사』, I, 27쪽)

18. 제임스 브래들리(James Bradley, 1693-1762)는 영국의 천문학자로 1727년에 천문학적 광행차, 항성들의 겉보기 운동이 지구의 운동에 결부된 빛의 연속적인 운동 때문임을 발견했다. 달랑베르는 「광행차」 항목에서 이를 "18세기의 가장 위대한 발견"(ENC, t. I, 24)이라고 썼다. 브래들리는 또한 1747년에 지구의 축의 장동(章動)(황도에 더 혹은 덜 기울어진 지구축의 운동)을 최초로 관찰한 사람이기도 하다. 달랑베르는 이 문제를 1749년에 출판한 『지구축의 장동 및 춘분과

을 관찰하라고는 하겠지만 천구天球에 대한 저 난해한 이론들이며, 이론 천문학에서 다루는 저 터무니없이 엄청난 계산이며 하는 것이 도대체 어디에 쓸모가 있는가? 그리고 추상적인 학문을 완벽히 연구하면서도 문예의 취향이 조금도 약해지지 않고, 호라티우스와 타키투스를 뉴턴만큼 속속들이 알고, 곡선의 속성들을 발견하면서도 한 시인의 아름다운 시를 느껴볼 줄 알고, 그의 정신과 작품이 전 시대에 걸쳐 인정받고, 모든 아카데미가 그의 공적에 찬사를 아끼지 않는 그런 기하학자가 있다면 그는 얼마나 행복한 사람일까![20] 그런 사람이

추분의 섭동에 대한 연구(*Recherches sur la précession des équinoxes et sur la nutation de l'axe de la terre*)』에서 다뤘다.

19. 피에르 샤를 르 모니에(Pierre Charles Le Monnier, 1715-1799)는 프랑스의 천문학자로, 경선호(經線弧)를 측정하기 위해 모페르튀가 조직한 라플란드 원정에 참여했다. 이는 지구의 극지방이 적도지방보다 평평하다는 뉴턴의 이론을 확증하기 위한 원정이었다. 르모니에의 『천문학 강의(*Institutions astronomiques*)』는 달랑베르가 『백과사전』의 천문학 관련 항목에서 줄기차게 인용한 저작이다. 디드로가 여기서 브래들리와 르 모니에를 언급한 것은 달랑베르의 수학물리학이 그것이 토대로 삼는 관찰 없이는 아무것도 아님을 강조하기 위한 것이다.

20. 이 '기하학자'는 두말할 것 없이 달랑베르를 가리킨다. 달랑베르는 파리와 프러시아의 왕립 아카데미 회원이자 런던 로열 소사이어티의 회원이었다가 1754년에 프랑스 아카데미 회원이 된다. 디드로가 수학자이자 문인을 자처했던 동료에게 보낸 이 영예는 확실히 모호해 보인다. 이후 두 사람 사이에 불화의 시기가 이어졌을 때 디드로는

라면 결코 잊히지 않을 것이며, 그가 생전에 누린 명성이
사후에 사라지지 않을까 걱정할 필요가 없다.

IV

우리는 지금 학문 분야에서 엄청난 격변의 순간과 마주하
고 있다. 도덕, 문예, 자연사, 실험철학의 영역에 사람들이
보여주고 있는 열정을 본다면 나는 백 년이 지나기 전에 유럽
에 남을 위대한 기하학자로 세 명을 꼽기도 어려우리라 확신
한다. 베르누이 형제[21]며, 오일러[22]며, 모페르튀[23]며, 클레로[24]

• •

여러 번 달랑베르의 문학적 재능을 존중하지 않는 말을 한다. 한편
이 문단은 달랑베르가 쓴 『백과사전』 서문의 한 문장에 대한 디드로
의 답변일 수도 있을 것이다. "자연의 관찰로부터 식견을 얻은 [체계
적인 정신은] 현상들의 원인을 막연하게나마 예상할 수 있다. 하지만
이들 원인을 예감하는 것은 계산이다. 계산을 통해 그 원인들이
산출한 결과들을 정확히 확정하고, 이들 결과를 우리가 경험으로
발견한 결과들과 비교하게 된다. 그런 도움을 받지 못한 가정이
항상 자연학에서 찾아야 하는 대단히 높은 정도의 확실성을 얻기란
불가능에 가깝다. 그런 정도의 확실성은 흔히들 이론체계라는 명예
로운 이름을 부여받곤 하는 경박한 가설에서는 찾을 수 없다."(ENC,
t. I, xxxi)

21. 베른에 정착한 베르누이 가(家)에서 위대한 수학자들이 여럿 나왔다.
자크 베르누이(1654-1705)와 그의 동생 장 베르누이(1667-1748)는
미분계산을 발전시켰고, 장 베르누이의 아들 다니엘 베르누이
(1700-1782)도 수학자였다.

22. 레온하르트 오일러(Leonhard Euler, 1707-1783)는 스위스의 수학자로

며, 퐁텐[25]이며, 달랑베르며 하는 기하학자들이 연구를 그만
둔다면 기하학은 돌연 멈춰서고 말리라. 그들은 헤라클레스
의 기둥[26]을 놓게 될 테니 누구도 그 너머로 결코 나아갈
수 없겠다.[27] 그 기하학자들의 저작은 이집트의 피라미드와
같아, 다가올 미래에도 여전히 살아남기는 하겠지만, 그 육중
한 피라미드 더미에 새겨진 상형문자를 보면 그 돌무더기를

·   ·

장 베르누이의 제자였는데 달랑베르와 경쟁 관계였다.

23.   피에르 루이 모로 드 모페르튀(Pierre Louis Moreau de Maupertuis,
      1698-1759)가 여기서 수학자로 인용된 것은 그가 프랑스에 뉴턴주의
      를 도입한 핵심 인물 중 한 명이었고, 최소작용의 원리를 발표했기
      때문이다. 그는 이 책의 50절 이하에서 바우만 박사라는 이름으로
      다시 언급된다.

24.   알렉시스 클로드 클레로(Alexis Claude Clairaut, 1713-1765)는 프랑스
      의 수학자이자 천문학자로 프랑스왕립과학아카데미에 달랑베르를
      데려왔던 인물이다.

25.   알렉시스 퐁텐 데 베르탱(Alexis Fontaine des Bertins, 1705-1771)은
      프랑스의 수학자이다.

26.   헤라클레스의 기둥이란 대서양과 지중해를 연결해주는 "지브롤타
      해협의 칼페와 아빌라의 산을 가리키는 지역으로, 헤라클레스가
      여행을 멈춘 곳이다."(『리트레 사전』)

27.   디드로는 『백과사전』의 「백과사전」 항목에서 각각의 개인처럼 각
      각의 학문도 어느 날 발전의 최고점에 도달하게 되리라는 생각으로
      돌아온다. "학문에는 누구도 그 이상 넘어설 수 없는 한 점이 있기
      마련이다. 이 점에 다다랐을 때, 그 진보에서 남은 기념물을 전 인류
      는 영원토록 찬탄해마지 않게 된다."(디드로, 『백과사전』, 이충훈
      역, 도서출판 b, 38쪽)

쌓아 올렸던 사람들이 얼마나 큰 권력과 재산을 가졌을까 하는 생각이 들면서 아찔해지는 것이다.

V

어떤 학문이 태동할 때 사회에서 창안자들에게 최고의 경의가 집중되곤 한다. 세상을 떠들썩하게 만드는 무언가를 스스로 경험해보고 싶고, 무슨 새로운 발견으로 저명한 사람이 되어보고 싶고, 명망 있는 사람들이 누리는 지위를 가져보고자 열망하게 되니 이런 이유들 때문에 사람들은 모두 그 새로운 학문에 온 생각을 집중하게 된다. 갑자기 성격이 서로 다른 수많은 사람들이 그 학문을 연구하게 된다. 그들은 한가해서 무언가 열중할 것이 필요했던 사교계 인물이기도 하고, 그때까지 다른 학문들을 연구해오다가 이제 유행이 된 학문에서 그때까지 보람 없이 바라왔던 명성을 얻을 수 있지 않을까 하는 생각에 예전에 연구하던 학문을 헌신짝처럼 벗어던진 변절자들[28]이기도 하다. 새로운 학문을 직업으로 삼게 되는 사람도 있고, 취향에 따라 그 학문에 들어선 사람도 있다. 수많은 노력이 전부 하나로 합쳐지면서 그 학문이 이를

· ·
28. "전쟁 중에 자기 진영을 버리고 적의 진영으로 가는 사람"(『아카데미 프랑세즈 사전』, 1762). 문맥상 이 단어는 연구 영역을 바꾸는 학자를 가리킨다.

수 있는 끝까지 밀고 나간다. 그런데 학문의 경계가 넓어질수록 경의를 받을 기회는 줄어든다. 사람들은 압도적으로 탁월하여 두각을 나타내는 사람들에게나 경의를 표할 뿐이다. 몰려들었던 사람들이 빠져나가는 것이 바로 그때이다. 횡재거리가 없거나, 있더라도 얻기가 힘들다면 누가 그곳에 닻을 내리겠는가. 이제 그 학문을 여전히 붙들고 있는 이들은 그것으로 밥벌이를 하는 사람들이나, 그 학문의 화려한 명성은 이미 사라지고 다들 연구해봤자 유용성이 더는 없다고 판단한 뒤에도 계속 이름을 빛내고 있는 몇몇 천재들뿐이다. 사람들은 항상 이런 연구 작업을 곡예를 부리듯 어려운 일이라고 생각하고 그것이 인류에게 영예가 된다고 여긴다. 나는 기하학의 역사를 그렇게 요약하겠다. 이울러 더는 배움도 주지 못하고 배움의 즐거움도 주지 못하는 모든 학문의 역사도 마찬가지다. 내가 보기에는 자연사도 예외는 아니다.[29]

..

29. 디드로는 수학의 유행이 지났다고 확신한다. "수학의 시대는 이제 끝났습니다. 취향이 바뀌었습니다. 자연사와 문학의 취향이 지배적인 시대가 되었습니다."(볼테르에게 보내는 편지, 1758년 2월 19일, éd. Versini. t. V. 73쪽) 디드로가 수학의 시대가 이제 끝났다고 생각한 것은 물론 잘못이기는 했으나, 그가 자연의 학문의 유행을 공언했다는 점에서는 옳았다. (뷔퐁의 『자연사』의 성공이 이를 증언한다) "다른 일반적인 경향에 따라 자연사, 해부학, 화학, 실험에 기반을 둔 자연학으로 관심을 옮기기도 한다."(디드로, 『백과사전』, 위의 책, 35쪽)

VI

무궁무진한 자연 현상들과, 한계를 가질 수밖에 없는 인간의 지성과 무능하기 이를 데 없는 인간의 신체 기관을 비교해 본다면, 인간의 작업은 너무도 느릿느릿 진행되고, 한참 동안 중단되기가 일쑤이고, 창조적인 천재가 그렇게 쉽게 나타나는 것도 아니니, 모든 것이 이어진 거대한 연쇄는커녕, 끊어지고 분리된 몇몇 부분이나 찾는 것으로 만족해야 하는 걸까?[30] … 실험철학은 수많은 세기를 거쳐 연구될 것이고, 그래서 실험철학이 쌓아올린 연구 자료들을 할 수 있는 만큼 전부 결합해본다면, 그 수가 정확히 몇 개가 될 지 세어보기란 턱도 없는 일이 되리라. 자연의 모든 현상들을 알게 되었다면,

• •

30. "자연의 모든 것은 이어져 있다"는 것이 디드로 철학의 핵심 원칙이자, 라이프니츠 이후 18세기 전체의 원칙이기도 하다. 디드로는 모든 존재를 이어주는 저 거대한 연쇄의 그저 몇몇 단편들만을 알 뿐이라는 점을 이 원칙과 연결시키곤 한다. 그는 『백과사전』에 실은 「소크라테스적인(Socratique)」 항목에서 이렇게 쓴다. "더욱이 신중하고 경험 많은 [소크라테스]는 많이 듣고, 많이 읽고, 많이 사유한 뒤, 진리라는 것이 암흑의 한쪽 극단에서 출발하여 다른 쪽 끝이 암흑 속으로 사라진 실(絲)과 같고, 어떤 문제에서도 빛은 그 미세한 실 위에 놓인 한 점까지 점진적으로 증가하다가, 그 너머에서는 조금씩 감소하다가 사라진다는 점을 깨달았다. 그는 알맞게 멈출 줄 안 철학자이다."(ENC, t. XV, 263)

그렇게 수집된 현상들을 정확히 지칭해주는 용어들만 모은 대도 얼마나 많은 분량의 책이 필요하게 될까? 철학 언어[31]는 언제나 완성이 될 것이며, 설령 완성이 된대도 그 언어를 알 수 있는 사람들이 도대체 몇이나 될까? 영원한 존재가 있어서 자연에 경이를 만들어내는 것보다 더 확실히 자신의 전능함을 보여주고자 직접 자기 손으로 기록한 종이들에 우주의 메커니즘을 설명해 놓았다고 한대도, 우리가 그 위대한 책을 우주 자체보다 더 잘 이해할 수 있으리라 생각하는가?[32]

• •

31. "철학적 언어"의 개념은 라이프니츠를 기원으로 한다. "라이프니츠
는 모든 국가를 교류하게 할 수 있는 철학적 언어를 기획해보았지만
이를 실천에 옮기지는 않았다. 그는 자기와 동일한 관점을 가졌던
자기 시대의 학자들이 시간을 낭비하고 긴정한 목적에 다다르지
못했음을 지적했을 뿐이다."(디드로, 「라이프니츠주의」 항목, ENC,
t. IX, 372)

32. 디드로는 이 문제를 『백과사전』 항목에서 확장시킨다. "자의성이
배제될 이 보편 체계를 우리는 영원히 갖지 못할 것이지만, 아마도
이 체계를 갖게 된다면 훨씬 득이 되지 않겠는가? 세상의 모든 원인
을 설명해줄 한 권의 책을 읽는 것과 세상을 연구하는 것 자체에
무슨 차이가 있겠는가? 전혀 없다시피 하다. 우리는 늘 이 위대한
책의 고작 한 부분만을 이해할 수 있을 뿐이다. 우리는 조급함에
사로잡히고 호기심을 이기지 못하기 때문에 연구관찰의 흐름은 항
상 끊기기 마련이고, 체계적인 독서를 할 수 없게 된다. 그렇게 되면
우리의 지식은 현재 상태처럼 고립되고 말 것이다. 추론은 연관성을
상실하고 선행관계와 하위관계의 관계를 더는 알 수 없으므로 누락
이 생기고 불확실한 부분이 생길 것이다. 이제 우리는 자연을 응시하

자기가 가진 두뇌를 완전히 가동해보았음에도 고대의 기하
학자 아르키메데스가 밝혀낸 구와 원기둥의 관계[33]의 결론을
이해했노라 확신할 수 없었던 수학자 페르마라면 그 위대한
책의 몇 페이지나 이해할 수 있었을까? 그 책의 페이지들에서
정신의 능력을 잴 수 있는 정확한 척도와 인간의 오만함에
대한 멋진 풍자를 발견할 수는 있겠다. 그래서 페르마는 그
책의 몇 페이지까지 이해했지만, 아르키메데스[34]는 그 옛날에
그보다 벌써 몇 페이지를 더 이해했다고 말할 수도 있겠다.
그렇다면 우리는 어떤 목표를 가져야 할까? 결코 완성될 수
없고 완성되더라도 인간의 이해력을 훨씬 능가하는 저작을

• •

> 면서 누락된 부분을 채우고자 한다. 우리가 보기에 세상보다 더
> 완전하지는 못해서 과감히 의심되고 반박될 수 있는 방대한 책을
> 계획하면서 그 누락된 부분을 채우고자 한다."(디드로, 『백과사전』,
> 위의 책, 83-84쪽)

33. "내가 생각하기에 페르마는 편협한 사람이 아니어서, 아르키메데스
   가 발견한 원통과 구의 관계의 증명에 대해 이렇게 말했다. […]
   "나는 이 증명이 얼마나 어려운 것이었는지 처음에 느끼지 못했던
   기억이 납니다." 아무리 위대한 기하학자라도 증명에 증명을 거듭하
   다가 간혹 길을 잃기도 한다."(『엘베시우스에 대한 반박』, éd.
   Versini. t. I, 837쪽) 피에르 드 페르마(Pierre de Fermat, 1601-1665)는
   프랑스의 수학자이다.

34. 아르키메데스(기원전 287-기원전 212)는 고대 그리스의 학자로 여기
   서 말하는 증명은 그가 구의 체적과 구에 내접하는 원통의 체적
   사이의 관계가 2대 3이라는 점을 발견한 것을 말한다.

만드는 것이 우리의 목표인가? 그렇다면 우리는 시날 평원[35]에 살았던 최초의 거주민들보다 더 무분별하다고 해야 하는 것 아닌가? 우리는 지구와 천구 사이의 거리가 얼마나 먼지 알면서도 거기에 닿겠다고 탑을 쌓아올리는 셈이다. 그런데 결국 언젠가는 우리가 가졌던 오만의 기세가 꺾여 그 사업을 포기하는 순간이 오지 않는다고 어떻게 가정하지 않을 수 있을까? 이 비좁은 세상에서 불편하게 살아가던 자가 누구도 살아볼 수 없는 궁궐을 저 대기大氣 밖에 기어코 짓겠다고 고집을 부리는 것을 어떻게 봐야 할까? 그가 기어코 지어보겠다고 해도 말들이 다 달라 이해할 수 없어서 결국 공사를 멈출 수밖에 없지 않을까? 자연사에서 언어의 혼란보다 더 뚜렷하고 더 불편한 일이 없다.[36] 그뿐이 아니라 모든 일은

..

35. 세나르(Sennaar 혹은 Shinéar)는 바벨탑의 이야기를 암시한다. 메소포타미아에 있던 시네아르라는 고장의 평원에서 사람들이 한데 모여 하늘까지 솟는 탑을 세우기로 결정한다. 하느님은 이들을 흩어버리고 그들에게 다양한 언어를 주어 그들이 서로 알아들을 수 없게 했다.(창세기, 11장 1-9절)

36. 18세기에 제시된 근본적인 질문으로, 특히 식물의 분류법에 몰두한 학자들이 어떤 것이 자연사에 적합한 언어인지 자문했다. 뷔퐁은 린네와 같이 경험 대신 방법을 고집스럽게 따르는 식물학자들을 경멸적으로 "방법주의자들(méthodistes)"이라고 불렀는데, 이는 그들이 "이름과 기호들을 증가시키면서 과학 자체보다 과학의 언어를 더 어렵게 만든다"고 생각했기 때문이다.(『자연사』, I, 4쪽)

유용성이 있느냐 없느냐에 따라 제한되는 법이다. 지금은 기하학에 유용성이 없다고 제한을 두지만 몇 세기가 지나면 똑같은 기준으로 실험물리학에 제한을 둘 것이다. 물론 나는 실험물리학 연구에 몇 세기가 더 필요하다고 생각한다. 실험 물리학이 갖는 유용성의 범위는 추상적인 어떤 학문이 갖는 유용성의 범위보다 상상도 할 수 없을 만큼 크고 그것이 우리 의 진정한 지식의 기초를 마련한다는 데 이론의 여지가 없다.

VII

의견이라 하는 것이 세상에 벌어지는 일을 오직 인간의 이해력의 범위 안에서 이해하는 것인 만큼, 개념은 진실일 수도 거짓일 수도 있고, 적합할 수도 모순일 수도 있다. 개념 이 확고한 것이 되려면 그 개념이 외부 존재들과 이어져 있어 야 한다.[37] 이 연관 관계liaison를 만드는 것은 중단 없이 이어지 는 경험들의 연쇄이기도 하고, 관찰과 경험을 양쪽 끝에 두고 중단 없이 이어지는 추론들의 연쇄이기도 하고, 추론들 가운 데 여기저기 산재되어 있는 경험의 연쇄이기도 하다. 그것은 두 끝에서 잡아당겨 팽팽해진 긴 실絲 위에 작용하는 저울추

• •

37.   디드로는 여기서 '이해력과 사물의 일치(adequatio intellectus et rei)' 라는 진리의 개념을 언어와 실제의 일치 혹은 연관으로 보는 입장을 취하고 있다.

와 같아서, 그 무게가 작용하지 않는다면 공기 중에 조금이라도 진동이 생길 때 그 실은 그만 제멋대로 흔들리고 말 것이다.[38]

VIII

자연에 아무런 토대를 두지 않은 개념을 북방의 숲과 비교해볼 수 있다. 그곳에는 나무들이 전혀 땅 속에 뿌리를 내리지 않으니 말이다.[39] 그저 바람 한 점만 일어도, 별것 아닌 사실 하나만 있어도 관념과 나무들의 숲은 홀랑 뒤집어지고 만다.

IX

인간은 진리를 탐색할 때 얼마나 엄격하게 법칙을 지켜야

• •

38. "그러므로 우리의 지성에 날개를 달아줄 것이 아니라 오히려 도약하거나 비상하지 못하도록 안정추를 달아주어야 한다. 이러한 단계적 상승법에 의해 연구하는 일이 지금까지 한 번도 없었기 때문에 만일 이러한 일이 일어난다면 학문의 진보에 다시 한 번 희망을 품어도 좋을 것이다."(베이컨, 『신기관』, 114쪽)

39. 이들 나무들과 데카르트가 기술한 철학의 나무를 관련지어보자. "그 나무의 뿌리는 형이상학이고, 그 몸통은 자연학이고, 이 몸통에서 나온 가지들은 다른 학문들로, 의학, 역학, 도덕학의 세 주요한 학문으로 귀결한다."(데카르트, 『철학의 원리의 프랑스판 편지와 서문』, III, 779쪽) 디드로는 '선험적인' 형이상학이 아니라 경험과 관찰을 통해 알려진 자연을 토대로 지식이 세워져야 한다고 본다.

하는지, 그때 우리가 이용할 수 있는 수단이 얼마나 제한되어 있는지 잘 느끼지 못한다. 무엇하나 감각에서 성찰로, 성찰에서 감각으로 귀결하지 않는 것이 없다. 이는 자기 안으로 들어가고 나오고를 끊임없이 반복하는 것으로, 꿀벌의 작업이 이와 같다. 밀랍이 담긴 벌집에 들어가 보지 않는다면 여기저기를 들쑤시고 돌아다녔을 뿐인 것이나 다름없고, 밀랍으로 불빛을 만들어볼 줄을 모른다면 쓸데없이 밀랍 덩어리를 만들었을 뿐인 것이나 다름없다.[40]

X

그런데 불행한 일이지만 자연에게 직접 묻는 것보다 자기

· ·

40. 꿀벌의 이미지는 베이컨에서 가져온 것이다. "지금까지 학문에 종사한 사람들은 경험에만 의존했거나 독단을 휘두르는 사람들이었다. 경험론자들은 개미처럼 오로지 모아서 사용하고, 독단론자들은 거미처럼 자기 속을 풀어서 집을 짓는다. 그러나 꿀벌은 중용을 취해 뜰이나 들에 핀 꽃에서 재료를 구해다 자신의 힘으로 변화시켜 소화한다. 참된 철학의 임무는 바로 이와 비슷하다. 참된 철학은 오로지 정신의 힘에만 기댈 것도 아니요, 자연이나 기계적 실험을 통해 얻은 재료들을 가공하지 않은 채로 기억 속에 비축할 것도 아니다. 그것을 지성의 힘으로 변화시켜 소화해야 하는 것이다. 그러므로 이 두 가지 능력(경험의 능력과 이성의 능력)이 지금까지 시도되었던 것보다 더 긴밀하고 순수하게 결합된다면 좋은 결과가 나올 것이 틀림없으므로 이것으로 희망의 근거를 삼아도 좋다."(베이컨, 『신기관』, §94, 위의 책, 107-108쪽)

에게 묻는 것이 더 쉽고 더 간단한 일이다. 그래서 이성은 이성 자체로 머무는 경향이 있고 본능은 외부로 확산되는 경향이 있다. 본능은 나날이 더 바라보고, 더 맛보고, 더 접촉하고, 더 듣는다. 그러니 실험물리학에서는 교수의 강의를 경청하는 것보다 동물을 직접 연구할 때 배우는 것이 더 많은 것 같다. 그들이 연구하는 방식에는 장터의 약장수나 할 법한 사기가 있을 수 없다. 그들은 주변 상황에는 아랑곳하지 않고 목적을 설정하고 매진한다. 우리가 그들을 놀라운 눈으로 바라본대도 우리를 놀라게 하는 것이 그들의 의도는 아니다. 놀라움[41]이란 굉장한 현상을 바라봤을 때 즉각 얻게 되는 효과지만, 놀라움을 일소하는 것은 철학의 몫이다. 실험철학 강의의 핵심은 학생을 더 교양 있게 만드는 데 있지 기를 꺾어 돌려보내는 데 있지 않다. 자연 현상을 마치 자신이 직접 창조하기라도 한 것처럼 좀 안다고 으스대는 것은 몽테뉴의

· ·
41. 이 문단과 다음에 이어지는 문단은 인식론적 차원에서 『맹인에 대한 편지』의 영국 맹인 기하학자 손더슨과 홈스 신부가 나누는 대화에서 나타나는 형이상학적 차원의 놀라움, 즉 경이로운 자연에 대한 놀라움의 감정을 비판하는 내용의 연장에서 이해할 수 있다. 디드로는 특히 『자연의 스펙터클』(1732-1750, 총 9권으로 출간)의 저자 노엘 플뤼슈 신부를 비롯한 최종목적을 옹호하는 기독교 호교론자들의 논지를 무너뜨릴 필요가 있었다. 그들은 신이 존재한다는 증거를 자연의 경이를 마주할 때 우리가 놀라게 되고 경외심을 갖게 된다는 점에서 찾았다.

『에쎄』를 출판한 사람의 바보짓을 따라하는 것이나 다름없다. 그 자는 몽테뉴라는 이름을 들을 때마다 얼굴을 붉히지 않을 수가 없었다.[42] 자주들 사용하곤 하는 위대한 교훈 하나가 있는데 그것은 자기가 부족하다는 고백이다. 모든 것을 설명하고자 애쓰면서 서툴게 말을 우물거리고 자기 혼자 멋쩍어 하는 것보다는 진실하게 '나는 그 점에 대해 아무것도 모릅니다'라고 말하면서 다른 사람들의 신뢰를 얻는 편이 더 낫지 않겠는가?[43] 자기가 모르는 것을 모른다고 솔직하게

● ●

42. 로크의 『인간지성론』의 번역자이기도 했던 피에르 코스트는 1724년에 몽테뉴의 『에쎄』를 새로운 버전으로 출판한다. "§ 945. (나는 웃으며 말하곤 했다) 코스트 씨는 몽테뉴를 다시 썼다고 생각했다. 그래서 사람들이 코스트 씨 앞에서 몽테뉴를 찬양하면 얼굴이 붉어졌다." "§946. 내 친구들 중에 몽테뉴의 저작에 훌륭한 주석을 달아 출판했던 정직한 친구가 하나 있는데 나는 그가 『에쎄』를 만들었다고 생각하고 있다고 확신한다. 내가 그 앞에서 몽테뉴를 찬양하자 그는 겸손한 표정을 짓고 내게 감사의 표시를 하더니 조금 얼굴이 붉어졌다."(몽테스키외, 『단상들(Pensées)』, 플레이아드판 전집 1권, 1,254쪽)

43. [손더슨은 홈즈 씨에게 이렇게 답했다] "[…] 인간의 능력을 넘어서는 현상이라는 게 있을까요? 그러면 우리는 곧장 그것은 신의 작품이지요, 라고 말합니다. 우리는 참으로 오만해서 더 별것이 아닌 것으로는 만족하지 못합니다. 우리의 논의를 오만은 좀 더 줄이고 철학은 좀 더 늘여서 진행할 수는 없을까요? 자연이 우리에게 풀기 어려운 매듭을 주었다면, 그 매듭을 그냥 있는 그대로 놓아두도록 합시다."(디드로, 『맹인에 대한 편지』, DPV, IV, 49쪽)

고백하는 사람의 말을 들으면 적어도 그가 내게 설명하려고 하는 내용은 신용하게 된다.

XI

놀라움의 감정은 대부분 실제로는 하나뿐인 경이를 여럿으로 가정할 때나, 자연이 단 하나의 행위만 산출했을 텐데 우리가 그 자연 현상에서 특별한 여러 행위가 산출되었다고 생각할 때 생긴다. 자연이 여러 행위를 산출할 필요가 있었다면 이들 행위에서 비롯한 다양한 결과들은 서로 이어지지 않고 고립되었을 것이며, 다수의 현상들은 서로 무관한 채 존재할 것이고, 철학에서 연속적으로 간주하는 이 전체적인 연쇄의 곳곳이 끊어진 채 남게 될 것이다. 절대적으로 무관한 어떤 한 가지 사실이 존재한다는 것은 전체에 대한 관념과 모순된다. 전체에 대한 관념이 없이는 철학도 없다.[44]

XII

자연은 같은 메커니즘을 무한히 다양한 방식으로 즐겨 변화

* *
44. 8절에서 이미 언급되었던 사물들의 보편적인 연쇄에 대한 생각과 자연의 단일성에 대한 생각은 디드로의 자연학에서 떼려야 뗄 수 없는 근본적인 입장이다. 결국 이러한 입장에서 디드로는 자연에는 엄격히 말해 종(種)도 계(界)도 없다는 주장까지 이르게 된다.

시켰던 것 같다.[45/46] 개체들을 가능한 모든 양상으로 번식시켜

본 다음, 그렇게 만들어진 종種 하나를 없애곤 한다. 동물계界를

관찰해보고, 네발동물들 중 특히 내적인 기능과 부분들이 다른

네발동물과 완전히 똑같은 것이 단 하나도 없음을 알게 된다

면, 모든 동물은 최초의 원형prototype 동물에서 갈라져 나왔다

고 생각해야 하지 않겠는가? 자연은 그 원형 동물의 어떤 기관

器官을 늘이고, 줄이고, 다른 모양으로 바꾸고, 수를 늘이고,

사라지게 만들었을 뿐이다. 손가락이 하나로 붙어버리고 손톱

을 이루는 물질이 풍부해져 확장되고 부풀어 올라 전체를 감싸

* *

45. [원주] 『자연사』 4권의 당나귀의 자연사와 라틴어 제목으로 출간된
    소책자 『자연의 체계의 시론 *Dissertation inauguralis metaphysica,
    de universali Naturae systemate, pro gradu Doctoris habita*』. 이 책은
    1751년에 에를랑엔에서 인쇄되어 M. *** 씨가 1753년에 프랑스로
    도입했다.

46. 뷔퐁과 모페르튀의 참조는 디드로의 이 책 『자연의 해석에 대한
    단상들』이 동시대의 논쟁에 바투 개입하고 있다는 점을 보여준다.
    뷔퐁의 『자연의 보편적이고 개별적인 역사』 4권은 1753년에 출판되
    었다. 특히 디드로 저작의 12절은 뷔퐁이 기술한 당나귀의 자연사의
    첫 몇 페이지들을 많이 참조했다. 모페르튀가 바우만 박사라는 필명
    으로 라틴어로 썼던 『시론』은 1754년에 그의 프랑스어 번역으로
    『유기체의 형성에 대한 시론』으로 출판된다. 이 시기에 모페르튀는
    뷔퐁과 좋은 관계를 유지하고 있었고, 뷔퐁은 모페르튀의 1745년
    저작인 『자연의 비너스』를 칭찬하며 이렇게 인용했다. "이 저자는
    진리에 접근하기 시작했던 최초의 저자이다."(『자연사』, I, 514쪽)

고 덮어버린다고 생각해보라. 사람 손이 아니라 말발굽이 생긴다.[47/48] 그 원형 동물의 외피가 무엇으로 이루어졌던 연속적으로 변형이 이루어져,[49] 눈에 띠지 않는 작은 차이를 거치면서

• •

47. [원주] 『자연사』 4권. 도방통의 말 묘사.

48. 『트레부 사전』은 원형(prototype)이라는 말을 "기원이자 모델로 그 것을 따라 우리가 형성되게 된다. 이 말은 특히 먼저 판각되고, 주형에 넣어, 주조(鑄造)되는 것을 가리킨다"고 설명한다. 생물학의 맥락에서 이 말을 사용한 사람은 바로 뷔퐁이다. "자연에는 종마다 보편적인 원형이 있어서, 각 개체는 그 원형에 따라 형태를 갖추게 되지만, 그러는 중에 주변 환경에 따라 변질되거나 완전해지는 것처럼 보인다. […] 최초의 동물, 예를 들면 최초의 말(馬)은 외적인 모델과 함께, 이미 태어났던 모든 말이, 존재하는 모든 말이, 앞으로 태어나게 될 모든 말이 이미 형성을 마친 내부 주형을 갖고 있었다. […] 각 개체에는 기원의 흔적이 안전히 남아 있지만, 수많은 개체가 있더라도, 이들 개체 중 어떤 것도 다른 개체와 전혀 닮지 않았고, 그러므로 그 기원의 흔적을 갖고 있는 모델도 닮지 않았다."(뷔퐁, 『자연사』, II, 390쪽)

49. "도방통 씨의 지적처럼, 말의 발굽이 겉으로 보기에는 인간의 손과 많이 다른 것은 사실이지만, 그것을 구성하는 뼈는 모두 동일하고, 우리의 손가락 끝에 말발굽 끝에 편자로 된 말의 소골(小骨)이 있다고 생각해야 한다. 우리는 이렇게 감추어진 상사성(相似性)은 겉으로 보이는 차이보다 더 경이로운 것인지 아닌지, 이렇게 항상적인 일치와, 인간과 네발동물, 네발동물과 고래, 고래와 조류, 조류와 파충류, 파충류와 어류 등, 심장, 내장, 등뼈, 감각 등과 같은 본질적인 부분들을 항상 갖추게 만들었던 이러한 변함없는 의도가 지고한 존재가 모든 동물을 창조할 때 단 한 가지만 생각했고, 동시에 이를 가능한 모든 방식으로 다양하게 만들고자 하여, 인간으로 하여금 지고의

한 계에서 다른 계로 가까워져, 두 계의 경계(이 '경계|confins'라
는 말[50]이 실제로는 아무런 구분이 존재하지 않는다는 의미로

..

존재의 웅장한 실행과 의도의 단순성을 감탄케 하도록 한다는 점을
가리키는 것인지 아닌지 판단해야 할 것이다"(뷔퐁, 「당나귀의 자연
사」, 『자연사』, II, 413쪽). 여기서 디드로의 입장은 명확하지 않은데,
그렇기 때문에 그가 도방통의 해부학적 기술을 참조했는지, 뷔퐁을
참조했는지 논의해볼 필요가 있다. 도방통의 해부학적 설명의 방법
자체는 항상 "모든 동물들을 서로 비교하고 그들을 인간에 적용해보
는 것"(도방통, 「말의 기술」, 『자연사』, t. IV, 1753, 364쪽)이고, 그렇
게 함으로써 인간의 해부학적 기술의 순서를 따르고 말을 상세하게
기술하면서 인간 골격을 구성하는 뼈들의 명칭을 적용하는 것에
있다. 발에 대해 말할 때, 그것은 사실 말의 발 뼈와 인간의 손가락
뼈 사이에 관계가 있음을 애써 찾아보는 것이었다. ("그러니 인간의
손가락의 첫 번째 지골(指骨)에 해당하는 뼈는 말의 발목이 아니라면
어디에 있는가!", 위의 책, 364쪽) 그리고 이 관계가 더 분명해지면
도방통은 즐거워한다. ("이 편자의 동일한 형태는 또한 인간의 손가
락과 발가락의 세 번째 지골의 뼈에서도 발견된다. 바로 이것이
말의 작은 발 뼈와 사람의 손가락의 세 번째 지골의 뼈의 관계에
대한 뚜렷한 증거가 된다." 위의 책, 365-366쪽)

50. 디드로는 말하자면 자연에 '계'가 존재하지 않는다고 본다. 그러므
로 계가 분리된다면, 그것은 이행이요, 변이요, 한 형태에서 다른
형태로 이어지는 눈으로 보기 어려운 점층(gradations)이라고 할 수
있다. 디드로는 「동물」 항목에서 이렇게 썼다. "우주가 모든 것이
이어져 있고 모든 존재들이 서로 눈에 띄지 않는 단계를 거쳐 서로
서로 상승하거나 하강하고 있다는 것이 의심할 수 없는 사실이라면,
이렇게 말할 수 있다면 동물성이란 것이 시작하고 끝나는 두 개의
극단을 정하기란 정말 어려운 일일 것이다. 연쇄에는 전혀 공백이
존재하지 않으며, 저 유명한 클라브생 오퀼래르(clavecin oculaire)를

사용할 수 있도록 양해해주시기 바란다)에 많은 존재들이 살고 있음을 볼 때, 그러니까 두 계의 경계에 형태가 모호하고, 양면적이고, 한 계의 특징을 이루는 형태, 특성, 기능을 대부분 잃고, 다른 계의 형태, 특성, 기능을 얻은 존재들이 살고 있음을 볼 때, 모든 존재의 원형이 되는 최초의 존재가 있었음을 어찌 믿을 수 없다 하겠는가? 바우만 박사는 최초의 원형의 존재가 있었다는 철학적 가설을 진실로 받아들인 반면,[51] 뷔퐁 씨는 이 가설을 오류로 보고 거부[52]했더라도, 이 가설이 실험물리학

••

만들고자 했던 예수회 카스텔 신부의 색(色) 리본이 뉘앙스에 따라 뚜렷이 알아차릴 수도 없이 흰색에서 검은 색까지 흘러가는 것이 진전하는 자연의 진정한 이미지라 할 것이다."(ENC, t. I, 468)

51. "이러한 사실로 미루어, 오직 두 개체로부터 전혀 유사성이라고는 찾아볼 수 없는 두 종이 수를 어떻게 증가시킬 수 있는지 설명해 볼 수 있지 않을까? 우연히 어떤 발생이 이루어지는 것으로만 종의 기원이 가능할 수 있는데, 그때 최초의 부분들은 아버지 동물과 어머니 동물이 갖고 있었던 질서를 유지할 수 없을 것이다. 그래서 여러 단계의 오류가 발생할 때마다 새로운 종이 나타났을 것이다. 이렇게 질서를 벗어나는 일이 여러 차례 반복되면서 오늘날 보는 것처럼 무한히 다양한 동물 종이 나타났을 것이다. 이런 동물은 시간이 더 흐르면 수가 증가하겠지만 아주 오랜 시간이 흐른 후에는 증가세가 거의 눈에 띄지 않을 정도에 그치게 된다."(모페르튀, 『자연의 비너스』, § 44, 이충훈 역, 도서출판 b, 2018, 173-174쪽)

52. 뷔퐁은 당나귀 장(章)에서 모든 동물은 최초의 일반적인 의도에 따라 다양해진 것 같다는 점을 강조하며, "모든 동물이 하나의 동물에서 나와서 시간이 계속 흘러감에 따라 완전해지거나 쇠퇴하면서 모든

과 합리주의 철학의 진보를 가능케 하고, 유기 조직과 관련된 현상들을 발견하고 설명하는 데 절대적으로 필요한 것을 내포하고 있음을 부정해서는 안 된다. 자연은 한 유기체에서 감춘 것을 다른 유기체에서 뚜렷이 드러내는 방식이 아니라면 유기체의 부분들을 똑같이 닮게 만들고 형태들은 다양하게 만들수 없었음이 명백하기 때문이다. 자연은 옷을 바꿔 입고 변장하기 좋아하는 여인과 같아,[53] 이렇게 다양하게 변장을 하여 때로는 이 부분을, 때로는 저 부분을 드러나게 하니, 진득하게 그 여인을 따르는 사람들은 언젠가 그녀의 전모를 알 수 있게 되지 않을까 하는 희망을 갖곤 한다.

XIII

생식을 위해 분비되는 액체는 양성兩性 모두 공히 갖추고

• •

다른 동물의 종을 만들어낸 것이 아닌지"(『자연사』, II, 413쪽) 묻고 있다. 그는 여기에 "당나귀가 그저 말이 퇴화한 종에 불과하다는 점이 사실이라면, 자연의 힘에는 더는 한계가 없을 것이고, 유일한 한 존재로부터 시간이 흘러감에 따라 자연이 모든 다른 유기적인 존재를 끌어낼 수 있다고 가정해도 틀린 것은 아닐 것이다"(같은 곳)라는 말을 추가한다. 하지만 최종적으로 뷔퐁은 이런 가설을 받아들이지 않는다. 다양한 종들은 다양한 창조행위에 관련된 것임에 틀림없다.

53. "자연은 모습을 감추는 것을 좋아한다."(헤라클레이토스, B CXXIII, 『소크라테스 이전의 학파』, 갈리마르, 폴리오, 93쪽)

있음이 밝혀졌다.[54] 이 액체가 어떤 부분들로 이루어졌는지 이제 알게 된 것이다. 자연이 여성을 강력히 부추겨 남성을 찾도록 할 때 여성의 신체 기관 일부에 특이한 변화가 일어난다는 점이 발견되었다.[55/56] 남성과 여성을 나란히 놓고 한쪽에서 쾌락이 느껴지는 징후들과 다른 쪽에서 쾌락이 느껴

54. 디드로는 부모 양쪽의 정액이 섞여 생식이 이루어진다는 입장을 지지한다. 데카르트는 "두 성의 정액이 섞여 각자 누룩(levain)으로 쓰인다." (데카르트, 『인간 신체의 기술』, 가르니에판 선집, 3권, 830쪽) 그러나 디드로는 1745년에 모페르튀가 기계론에 입각한 데카르트의 설명을 비판하는 관점을 따른다(모페르튀, 『자연의 비너스』, 이충훈 역, 위의 책, 80쪽). 뷔퐁은 『자연사』 2권에서 이 이론을 발전시키고 있다.

55. [원주] 『자연사』. 발생에 대한 논고.

56. "내기 수행한 실험에 따르면 안컷두 기환에서 혈성이 시작되어 결국 선(腺) 조직으로 된 물질 속에서 완전히 발육되게 될 생식액이 있다. 이것이 선 조직으로 된 물질의 끝에 존재하는 작은 구멍들을 통해 끊임없이 방울방울 들고 흐르는데, 남성의 생식액과 마찬가지로 여성의 생식액도 상이한 두 가지 방식으로 자궁 내에 들어올 수 있다. 첫 번째는 자궁 돌기 끝에 난 구멍을 통해 들어오는 경우인데 이것이 가장 자연스러운 방식인 것 같다. 두 번째는 생식액이 계속 끼얹어지고 그것으로 적셔질 때 자궁 돌기의 막질(膜質) 조직을 통해서 들어오는 경우이다. 남성 생식액과 여성 생식액은 모두 동물의 몸을 이루는 모든 부분이 농축된 것으로, 남성 생식액은 수컷을 이루는 모든 부분의 농축되어 있고, 여성 생식액은 암컷을 이루는 모든 부분이 농축되어 있다. 그래서 이 두 생식액이 섞일 때 수많은 수컷과 암컷을 이루는 데 필요한 모든 것이 갖춰진다."(『자연사』, I, 604쪽)

지는 징후들을 비교해보았다. 양성 모두 맥박이 심하게 뛰고[57] 뚜렷하고 특별한 통증을 통해 쾌락을 느낀다는 판단이 섰을 때 생식 액체의 분출이 있었음이 분명했다. 그런데 여성은 어디서 어떻게 액체를 분출하며, 또 그 액체는 무엇으로 변화하는가? 어디로 흘러가는가? 자연의 신비는 어디에서나 곳곳마다 똑같지는 않으니 어떤 다른 종에서 베일을 벗을 때야 이 점을 알 수 있겠다. 그래도 다음의 두 방식 중 하나임에는 틀림없다. 신체 기관의 형태가 더욱 뚜렷이 나타나게 될 때가 하나라면, 특별히 다량의 생식 액체가 분출될 때 그것이 발원하는 곳과 그것이 거쳐 흘러가는 길에서 드러나게 될 때가 다른 하나이다. 한 존재에서 뚜렷이 나타났던 것은 유사한 다른 존재에서도 바로 나타나기 마련이다. 합리주의 물리학에서 소형의 물체로 대형의 물체를 발견하는 법을 배우는 것과 같이, 실험물리학에서는 대규모의 현상에서 소규모의 현상을 발견하는 법을 배운다.

XIV

나는 학문의 방대한 영역을 넓디넓은 터로 생각해본다. 그곳은 어두운 부분과 빛이 드는 부분이 점점이 수놓아진

••
57. Battu. 여기에서는 맥박이 '뛴'다는 의미로 쓰였다.

곳이다. 우리가 목표로 삼는 작업은 빛이 드는 부분들의 경계를 넓히거나, 그 터에서 빛의 중심을 더 많은 수로 늘리는 것이다. 경계를 넓히는 일은 창조적인 천재가 맡는 일이요, 중심의 수를 늘리는 것은 완벽을 기할 줄 아는 통찰력을 가진 자가 맡는 일이다.

XV

목적을 이루기 위해 우리가 사용하는 수단은 크게 다음의 세 가지이다. 자연의 관찰이 첫째요, 성찰이 둘째요, 실험이 셋째이다. 관찰은 사실들을 수집하고, 성찰은 그렇게 수집된 사실들을 결합하고, 실험은 그렇게 결합된 사실들로부터 나온 결과를 증명한다. 자연을 관찰할 때는 진득해야 하고, 성찰은 깊이가 있어야 하고, 실험은 정확해야 한다.[58] 이 세 수단이

---

58. 『백과사전』의 「관찰」 항목을 쓴 메뉴레 드 샹보는 여기서 디드로가 지적한 구분을 더 자세히 기록했다. "관찰은 모든 학문의 첫 번째 원칙이고, 성공에 이르는 가장 확실한 길이고, 학문의 영역을 넓히고 구석구석 밝혀주는 주된 수단이다. 뭐가 됐든 사실들(les faits)은 철학자의 진정한 재산으로, 관찰의 재료가 된다. 역사가는 사실들을 모으고, 합리주의 자연학자(physicien rationnel)들은 사실들을 결합하고, 실험적인 자연학자들은 이 결합의 결과를 확증한다. 여러 가지 사실들을 서로 떼어놓게 되면 무미건조하고, 무익하고, 무소득에 그칠 뿐인 것 같다. 우리가 사실들을 연결하자마자 그것들은 움직이기 시작하고, 서로 조화를 이루고, 서로 의지하고, 서로 긴밀히 연쇄

전부 결합된 예는 참으로 드물다. 창조적인 천재들이 비범한 이유가 거기 있다.

XVI

철학자는 기회만 엿보는 어설픈 정치가처럼, 진리를 발견할 때 머리가 나지 않은 쪽을 보고 판단하기 일쑤라, 진리를 포착하리란 불가능하다고 확신하곤 한다. 바로 그때 몸을 써서 일하는 노동자의 손이 우연히 머리가 난 쪽을 발견할 수도 있는 것이다.[59] 하지만 숙련된 기술을 가진 노동자들 가운데 정말 지독히도 운이 없는 사람들이 있다는 점도 인정해야 한다. 평생을 바쳐 곤충을 관찰하면서도 새로운 것은

..

를 이루면서 생명을 얻게 된다. 이들 사실의 결합, 이들을 연쇄하게 하는 일반 원인은 추론, 이론, 체계의 주제이고, 사실들은 그 자재를 이룬다. 상당한 사실들을 수집했다면 즉시 견고하게 쌓아올려야 한다. 그때 건물은 자재가 많을수록, 자재가 보다 알맞은 자리에 놓일수록 그만큼 더 튼튼해진다."(ENC, t. XI, 314)

59. 이 비유는 고대 로마의 우화작가 페드루스(Caius Iulius Phaedrus, 기원전 14-기원후 50)의 것이다. "맨몸뚱이에 뒷머리는 벗겨졌는데 앞머리는 휘날리는 저 노인을 보았소? 그가 가벼이 날아 면도날 위를 지나가는데, 그 자를 잡을 때는 잘 잡아야 하느니, 그 자가 도망칠 때는 제 아무리 주피터라도 잡지 못할 테니 말이오. 옛 현자는 그것을 덧없이 흘러가는 시간의 상징으로 그렸소."(『우화(Fables)』, V, 8, Paris, L. Duprat-Duverger, 1813)

전혀 보지 못하는 사람이 있고,[60] 그저 지나가면서 눈길 한 번 주었을 뿐인데 폴립[61]이며, 자웅동체로 번식하는 벼룩[62]을 발견하는 사람도 있다.

XVII

천재를 가진 사람들이 세상에 부족했던가? 천만의 말씀이다. 그런 사람들은 깊이 생각하고 오래 연구하지 않았던 걸까? 천만부당한 말씀이다. 학문의 역사를 살펴보면 저명한

• •

60. 『곤충사(史)를 위한 논고들』의 저자 르네 앙투안 페르쇼 드 레오뮈르(1683-1757)를 암시한다.

61. "민물 폴립은 18세기 초에 발견되었다. 1703년에 레이우엔훅과 다른 익명의 영국 저자가 『철학회보(Transactions philosophiques)』에 언급했다. 이들은 폴립이 자연스럽게 증식하는 방식을 이해하고 있었지만, 폴립 한 개체를 여럿으로 절단하면 그 잘려진 부분이 경이롭게 재생된다는 점을 발견한 사람은 런던왕립학회의 트랑블레 씨였고, 이는 1740년의 일이다."(『백과사전』, 「폴립」 항목, t. XII, 945). 아브라함 트랑블레(Abraham Trembley, 1710-1784)는 스위스의 자연사가로 폴립 혹은 민물 히드라를 연구했다. 이 생물은 반을 잘라도 고스란히 재생되기 때문에 꺾꽂이 방식으로 번식시킬 수 있다. 이 작은 발견이 18세기에 고전적인 생명의 개념들을 뒤흔들어 놓았고, 디드로와 모페르튀를 포함한 수많은 저자들의 관심을 불러 일으켰다.

62. 샤를 보네(Charles Bonnet, 1720-1793)는 제네바의 자연사가, 철학자로 1740년에 과학아카데미에서 진딧물의 경우 번식 시 양성이 필요 없는 단위생식을 한다는 점을 발표하고, 이를 발전시켜 『곤충론(Traité d'insectologie)』(1745)을 펴냈다.

인물들은 차고 넘친다. 지구 위에 우리가 성취한 과업을 기리는 수많은 기념비들이 남아 있다. 그런데 왜 확실한 지식은 그토록 적은가? 학문의 운명은 도대체 어떤 것이기에 그토록 답보상태에 머물고 있는 것인가? 우리는 유아적인 상태를 벗어날 수 없는 운명인가? 나는 이 질문들에 이미 답변한 바 있다. 훌륭한 정신을 가진 사람들이 오랫동안 추상적인 학문에 몰두했으나 성과는 극히 미미했다. 필히 알아야 하는 것을 연구하지 않았던지, 선별도, 관점도, 방법도 없이 연구를 진행했든지 둘 중 하나이다. 용어는 한도 끝도 없이 늘어났지만 사물에 대한 지식은 여전히 뒤처진 채였다.

XVIII

철학을 하는 진정한 방식은 이해력에 이해력을, 이해력과 경험에 감각을, 감각에 자연을, 자연에 도구를 이용한 조사調査를, 도구에 기술의 연마와 완전성[63]을 적용하는 일이어야

••

63. 18세기에 art라는 말은 예술뿐 아니라 과학기술과 장인(匠人)의 작업을 가리키는 말이었다. 디드로는 베이컨의 사상에 기대어 『백과사전』의 「기술」 항목에서 기술을 발전시키는 기획과 학문을 발전시키는 기획 사이에 공통점이 있다는 점을 강조했다. "기술 일반의 목적. 인간은 자연의 뜻을 따라 수행하는 존재이거나 자연을 해석하는 존재일 뿐이다. 인간은 자기 주변의 존재들에 대해 실험적인 방식이나 성찰적인 방식으로 얻은 지식만큼만 자연의 수행자이자 해석자

했고, 그래야 할 것이었다. 대중이 이런 정도는 되어야 철학도 존중할 줄 알게 된다.

XIX

범속한 정신을 가진 사람들[64]에게 철학을 진정으로 존중할 줄 알게끔 하려면 철학에는 항상 유용한 데가 있다는 점을

가 될 뿐이다. 한 인간의 손이 아무리 튼튼하고, 지칠 줄 모르고, 유연하더라도 도구를 쓰지 않고 맨손으로 만들어낼 수 있는 것은 얼마 되지 않는다. 그의 손으로 무언가 대단한 것을 만들려면 도구와 규칙이 필요하다. 인간의 지성에 대해서도 똑같이 말할 수 있다. 도구와 규칙은 우리들의 팔에 부가된 근육과 같고, 정신에도 팔이 있다면 그것에 추가된 용수철과 같다. 일반적으로 기술이라고 하는 모든 것에는, 달리 말하면 동일한 목적에 협력하는 도구와 규칙의 체계는 자연이 부여한 토대 — 물질일 수도 있고, 정신일 수도 있고, 마음의 어떤 작용일 수도 있고, 자연이 만들어낸 무엇일 수도 있다 — 에 어떤 결정된 형상들을 새겨 넣는 것을 목적으로 한다. 여러 저자들이 기예(技藝, arts mécaniques)에 대해서는 언급을 하지 않으니 여기서 나는 그것을 그만큼 더 자세히 말하려고 하는데, 기예에서 '인간의 힘은 자연물에 가까워지느냐 멀어지느냐로 귀결한다. 가까 워지는 만큼 인간은 모든 것을 할 수 있고, 멀어지는 만큼 아무것도 할 수 없다.(『신기관』을 보라)"(ENC, t; I, 714)

64. "'범속한 자(vulgaire)'라는 말은 실사(實辭)로 쓰일 때 민중이나, 어떤 신분이든 민중보다 더 지식을 갖추지 못한 자들을 가리킨다. '그는 이 점에서 범속한 자의 입장을 따른다', '범속한 자들의 오류와 싸우 다' '유능한 사람은 통상 범속한 사람처럼 생각하지 않는다' 등으로 쓰인다."(『아카데미 사전』, 1762)

보여주는 방법밖에는 없다. 범속한 사람은 항상 '그것이 어디에 좋은지' 묻기 마련이고 '아무데도 쓸모가 없다'는 답변이 돌아오는 경우에는 이를 거들떠도 보지 않는다. 철학자를 개화하는 일과 자기처럼 범속한 자의 소용이 되는 일이 전혀 별개라는 점을 그는 모른다. 철학자의 이해력은 손해가 되는 것을 통해 명확해지고, 이득이 되는 것을 통해 둔해지는 법이다.[65]

XX

어떤 종류가 됐든 사실들이야 말로 철학자가 가진 진정한 재산이라 할 것이다.[66] 그런데 합리주의 철학의 편견 하나는

· ·

65. 이 부분을 두고 디드로가 민중을 무시하고 유용성을 도외시한다고 보아서는 안 된다. 그는 6절에서 '모든 일은 유용성이 있느냐 없느냐에 따라 제한되는 법'이라고 했고, 40절에서는 '서둘러 철학을 대중화해야 한다'고 썼다. '범속한 사람'은 교육을 받지 않은 민중(과 민중만큼 무지한 모든 사람들) 전체를 가리키고, 민중을 교육하려면 그들이 지식을 받아들이게 해야 한다. 그런데 이를 위해서는 민중들에게 학문의 즉각적인 유용성을 보여주어야 한다. 범속한 사람은 정당하게 '그것이 어디에 쓰이는가?'라고 물을 수 있다. 교육을 받지 않았기 때문에 유용성의 개념을 대단히 좁고 즉각적으로 파악하기 때문이다.

66. "관념을 얻으려면 사실들을 한데 모아야 한다."(뷔퐁, 『자연사』, I, 434쪽)

44

제가 가진 돈을 셀 줄 모르는 사람은 한 푼밖에 없는 사람보다 더 부자가 아니라는 것이다. 합리주의 철학은 새로운 사실들을 수집하는 일에는 관심이 없고 이미 수중에 있는 사실들을 연결하고 비교하는 데 몰두하곤 하니 참으로 불행한 일이다.

XXI

사실들을 수집하고 이어내는 일은 둘 다 정말 힘든 활동이다. 두 부류의 철학자들이 이 두 활동을 나눠가진 것이 그 때문이겠다. 한쪽은 유용하고 근면한 노동으로 자료를 수집하면서 한 평생을 보내고, 다른 한쪽은 오만한 건축가와 같아서 그렇게 모인 자료를 자재로 삼아 서둘러 적용해보고자 한다. 그런데 오늘날까지 합리주의 철학이 쌓아올린 모든 건축물들 대부분이 시간이 흐르면서 무너져 내렸다. 먼지를 잔뜩 뒤집어 쓴 노동자들은 앞뒤 재지 않고 지하로 파내려갔다가, 합리주의 철학이 머리를 혹사해 쌓아올린 저 건축물에 치명타를 가하게 될 파편 하나를 가져온다. 그러면 합리주의 철학자의 건축물은 무너져 내리고, 그것을 이루었던 자재들은 뒤죽박죽 뒤섞여 버렸으니 과감한 천재가 나타나 이를 새로 결합해볼 때까지 기다려야 한다.[67] 과거 에피쿠로스,

• •

67. 『입싼 보석들』, 1부 29장("망고귈의 꿈 혹은 가설의 지방으로의 여

루크레티우스, 아리스토텔레스, 플라톤처럼 자연으로부터 풍부한 상상력을, 위대한 웅변을, 놀랍고 숭고한 이미지로 자신의 관념을 제시할 줄 아는 기술을 선물로 받을 체계적인 철학자는 얼마나 행복한 자일까! 그 철학자가 구축한 건축물도 언젠가 무너질 수 있겠지만, 그를 기리며 세운 조각상은 그렇게 부서진 폐허 한 가운데에서도 꿋꿋이 서 있으리라. 진흙으로 만든 다리르가 아니니, 산에서 돌이 굴러 떨어진대도 그 조각상을 부수지 못할 것이다.[68]

XXII

편견 없는 지성이 없고 불확실하지 않은 감각이 없고 한계

. .

행")에 관련된 문단. "[…] 나는 실험의 신이 가까이 오는 것을 보았고, 가설의 나라 회랑의 기둥들이 흔들리고, 궁륭들이 내려앉고, 우리 발밑의 포도가 반쯤 갈라지는 것을 보았소"(『입싼 보석들』, 정상현 역, 고려대학교 출판부, 2007, 155-156쪽).

68. "왕이여 왕이 한 큰 신상을 보셨나이다. 그 신상이 왕의 앞에 섰는데 크고 광채가 특심하며 그 모양이 심히 두려우니 그 우상의 머리는 정금이요 가슴과 팔들은 은이요 배와 넓적다리는 놋이요 그 종아리는 철이요 그 발은 얼마는 철이요 얼마는 진흙이었나이다. 또 왕이 보신즉 사람의 손으로 하지 아니하고 뜨인 돌이 신상의 철과 진흙의 발을 쳐서 부서뜨리매 때에 철과 진흙과 놋과 은과 금이 다 부서져 여름 타작마당의 겨같이 되어 바람에 불려 간 곳이 없었고 우상을 친 돌은 태산을 이루어 온 세계에 가득하였었나이다."(다니엘서, 2장 31-35절)

를 갖지 않은 기억이 없고 피상적이지 않은[69] 상상력이 없고, 불완전하지 않은 도구가 없다. 현상들은 무한히 많고 원인들은 감춰져 있고 형상은 덧없이 바뀌기 십상이리라.[70] 수많은 장애물들이 있다. 우리 안에 존재하는 장애물도 있고 자연이 우리가 부딪히지 않을 수 없게 만들어 놓은 외부의 장애물도 있다. 그런데 우리가 그런 장애물들에 맞서는 수단으로 가진 것이라고는 굼뜬 경험과 둔한 성찰뿐이다. 철학이 지렛대로 삼아 이 세상을 옮기겠노라 했던 것이 고작 그런 것이었다.

XXIII

우리는 철학을 두 종류로 구분했으니 실험철학[71]과 합리주

69. 피상적인 지식(Lueurs). 백과사전은 이 난어를 "약하고 어두운 빛 (lumiere foible & sombre)"(ENC, t. V, 269)으로 정의하는데, 비유적으로 '피상적인 지식'이라는 의미로 쓰인다. "cet homme n'a que des lueurs(그 자의 지식이란 피상적인 것에 불과하다)."

70. 『맹인에 대한 편지』에서 영국의 맹인 기하학자 손더슨은 이렇게 말한다. "목사님께 이 세상은 영원한 것이겠죠 하루살이는 목사님을 영원한 존재로 보지 않겠어요 [⋯] 하지만 우리 모두는 결국 사라지고 말겠죠 정확히 얼마나 살게 될지, 실제로 얼마만한 공간을 점하고 있는지 확인할 수도 없이 말입니다. 시간, 물질, 공간은 아마 한 점에 불과할지도 모르죠."(DPV, t. IV, 52쪽)

71. 달랑베르는 실험철학을 "자연의 법칙을 발견하기 위해 실험의 방법을 사용하는 철학"으로 정의한다.(달랑베르, 「실험적인」 항목, t. VI, 298)

의 철학이 그것이다. 실험철학은 눈에 안대를 하고 항상 더듬거리며 앞으로 나아가, 손에 집히는 모든 것을 이용하여 마침내 값진 것과 만나게 된다. 합리주의 철학은 이들 값진 것을 수집하고 그것으로 횃불을 밝히고자 노력한다. 하지만 지금까지 이 횃불이라는 것보다는, 함께 경쟁했던 실험철학의 암중모색이 더 유용했음은 두말할 필요가 없다. 실험이 거듭될수록 그 폭은 무한히 커지고, 끊임없이 작동한다. 이성이 유추를 찾고자 온통 시간을 쓸 때 경험은 현상들을 찾고자 한다. 실험철학은 앞으로 무슨 일이 닥치게 될지, 연구가 무엇으로 귀결할지는 모르지만 그래도 쉴 새 없이 노력한다. 반대로 합리주의 철학은 어떤 가능성이 중요하고 어떤 가능성이 중요하지 않은지 따져보고, 말을 하다가도 돌연 말을 끊기도 한다. 합리주의 철학은 '빛은 분해가 불가하다'고 과감히 선언하지만, 실험철학은 그 선언을 가만히 듣고 몇 세기를 꼬박 침묵하다가, 갑자기 프리즘을 들고 나와 '빛은 분해가 가능하다'고 선언한다.[72]

. .

72. "이렇게 말한다면 데카르트는 얼마나 놀랄까? 빛이 물체의 단단한 면에서 튀어 오르면서 직접 반사한다는 주장은 틀렸다. 물체는 커다란 구멍이 있을 때 투명하다는 것도 옳지 않다. 이 모순을 입증해 줄 어떤 사람이 나타날 것이다. 그는 가장 솜씨 좋은 예술가가 인간의 몸을 해부할 때보다 더욱 자세하게 한 줄기 빛의 광선을 해부할 것이다. 바로 그 사람이 나타났다. 뉴턴은 프리즘의 도움만으로 빛이

XXIV

실험철학 개요

실험물리학은 일반적으로 '존재', '특성', '용법'에 관심을 둔다.

'존재'는 '역사', '기술記述', '발생', '보존', '파괴'를 아우른다.

'역사'는 장소, 유입, 전파, 가치, 편견 등을 다룬다.

'기술'은 모든 감각 자질을 동원하여 내부와 외부를 기술한다.

'발생'은 최초의 기원부터 완전에 이른 상태를 포함한다.

'보존'은 그 상태에 고정할 수 있는 모든 수단을 다룬다.

'파괴'는 완전에 이른 상태에서 우리가 알고 있는 '분해'나 '쇠퇴', '용해'나 '이완'의 최종 단계를 포함한다.

'특성'은 일반적이거나 개별적이다.

'일반적인 특성'이라는 말은 모든 존재가 공통적으로 갖고 있고 오직 양적으로만 변화하는 특성을 의미한다.

• •

> 여러 빛깔의 광선이 모인 것이며, 그것이 모두 합쳐지면 흰빛이 된다는 것을 증명해보였고, 빛은 그에 의하여 일곱 빛깔로 나뉘었다."(볼테르, 『철학편지』, 16번째 편지, 이병애 역, 동문선, 2014, 94쪽)

'개별적인 특성'이라는 말은 존재를 그 존재의 방식으로 구성하는 특성을 의미하는데, 이 특성은 '집단적으로 존재하는' 실체의 특성이거나 '분할되거나 분해된' 실체의 특성이거나 둘 중 하나이다.

'용법'은 '비교', '적용', '결합'으로 확장된다.

'비교'는 유사성으로 이루어지거나 차이로 이루어지거나 둘 중 하나이다.

'적용'은 가능한 범위가 넓어야 하고 종류가 다양해야 한다.

'결합'은 비슷하거나 기이한 것이다.[73]

XXV

내가 '비슷하'거나 '기이하'다고 말한 것은 자연에서 모든 것은 결과를 갖는데, 그것에는 가장 기상천외한 경험도 있고 가장 논리에 맞는 경험도 있기 때문이다. 실험철학은 전혀 목표를 갖지 않기에, 언제나 일어난 일로 만족한다. 그러나 합리주의 철학의 지식은 목표로 삼았던 일이 생기지 않을 때도 언제나 그대로이다.

• •

73. 기이한(Bizarre). "변덕스러운, 기상천외의, 변화무쌍한의 뜻. 비유적인 의미로 '특별한', '흔히 볼 수 없는'의 의미로 쓴다."(『아카데미 프랑세즈 사전』, 1762)

XXVI

실험철학은 전혀 마음의 준비를 필요로 하지 않는 순수한 연구이다. 철학의 다른 분과들에 대해서는 그렇게 말할 수 없다. 대부분의 철학 분과는 광적으로 가설을 늘려가지만 실험철학은 결국 그런 가설을 억제한다. 어설픈 발견에는 이내 싫증이 나는 법이다.

XXVII

관찰의 취향은 누구나 가질 수 있지만, 실험의 취향은 부유한 사람만이 갖는 것 같다.

관찰을 위해서는 늘 하던 대로 감각을 사용하기만 하면 되지만, 실험을 위해서는 비용이 물 새듯이 든다. 그래서 재덕가들이 위와 같은 엄청난 비용이 드는 일을 그들이 생각했던 명예롭기가 덜한 숱한 일들에 추가해주었으면 좋겠다.[74] 모든 것을 제대로 검토해본다면 사업가들에 투자해서 알거지가

· ·

74. "[…] 이런 실험은 아주 복잡하고 그 수도 많으므로 내 능력과 돈이 지금의 천 배가 된다고 해도 그 전부를 하기에는 역부족이라는 것도 알고 있다. 그러므로 자연에 대한 인식도 이런 실험을 얼마만큼 할 수 있는지에 달려 있는 것이다."(데카르트, 『방법서설』, 이현복 역, 문예출판사, 1997, 224쪽).

되는 것보다는 화학자에게 돈을 댔다가 가난해지는 편이 낫지 않겠는가.[75] 그들은 끊임없이 쾌락을 뒤쫓지만 그것은 언제나 그들을 벗어난다. 그러니 쾌락이 드리우는 그림자에 불안해하는 것보다는 간혹이나마 그들을 즐겁게 해줄 수도 있는 실험물리학에 열중하는 편이 낫지 않겠는가. 실험물리학에 재능은 있는 것 같은데 재산은 없는 철학자들에게, 나는 자기 친구가 아름다운 창녀를 즐겨보고자 할 때 그에게 도움이 될 수 있을 충고를 하나 해주고 싶다. "라이스의 소유가 되기 싫다면 라이스를 소유하라Laïdem habeto, dummodo te Laïs non habeat."[76] 이론을 세워볼 수 있는 재기를 갖춘 사람들과

··

75. "이 모든 실제적인 지식이 요구되며, 화학실험은 지난하고, 진득하게 앉아 공부해야 하고, 실험 시에는 관찰을 잊어서는 안 되고, 실험에는 엄청난 비용이 들고, 갖은 위험에 노출되어 있고, 이런 직업은 악착같이 일하는 습관이 들게 마련이니, 이런 것들 때문에 가장 사려 깊은 화학자들이 화학의 취향은 광인의 정념이나 다름없다고 하는 것이다."(브넬, 「화학」 항목, 『백과사전』, III, 422)

76. 퀴레네 학파 철학자였던 아리스티포스는 "창녀였던 라이스의 집에 자주 드나들었다. […] 그래서 이 문제를 두고 힐문하는 사람들을 향해 그는 이렇게 대답했다. 내가 그녀를 붙잡고 있는 것이지, 그녀에게 붙들려 있는 것은 아니오. 가장 좋은 것은 쾌락을 극복하고 이것에 지지 않는 것이지, 쾌락을 삼가는 것은 아니거든."(디오게네스 라에르티오스, 『그리스철학자열전』, 전양범 역, 동서문화사, 2008, 126쪽) 디드로는 이 말을 『백과사전』의 「키레나이카(cyrénaïque)」 항목(ENC, t. IV, 604)과 『1769년의 살롱』의 서문으로 쓴 「내

그 이론을 실험으로 증명할 수 있도록 큰 재산을 가진 사람들에게 나는 그런 충고를 하고 싶다. 이론을 세워보고 싶다면 그렇게 하시라. 하지만 이론에 지배를 당해지는 마시라. 그러니 '라이스를 소유하라Laïdem habeto.'

XXVIII

한 가지 비유를 해보자면 실험물리학은 임종을 맞는 아버지가 자식들에게 밭에 보물을 숨겨 놓았지만 어디에 숨겨 놓았는지는 모른다고 했던 충고가 좋은 결실을 얻게 되는 것과 같다.[77] 자식들은 밭을 갈아엎기 시작했지만 찾던 보물

● ●

낡은 실내복에 대한 회한」에서 인용한다.(DPV, XVI, 204)

77. 이솝이 지은 「농부와 그의 세 아들」이라는 우화는 라 퐁텐의 『우화 (Fables)』에도 등장한다. "일을 해라, 수고를 아끼지 마라 / 마를 일 없는 자산이란다" / 한 부자 농부가 임종이 가까워오자 / 입회인도 없이 아들들을 불러 유언을 했다 / 그가 말하기를 "땅을 절대 팔지 말아라 / 물려받은 땅이다 / 보물이 숨겨 있지 / 어디 숨겨 놓았는지는 모르지만 그래도 용기를 내라 / 너희가 그 보물을 찾도록 해라. 필시 찾을 수 있을 테지. / 팔월이 되면 밭을 갈아엎거라 / 삽질, 호미질, 가래질을 해라, 한 군데도 소홀히 하면 안 된다 / 손이 가고 또 가지 않은 곳이 없도록 해라." / 아버지가 죽고 아들들은 밭을 갈아엎었다 / 여기, 저기, 갈아엎지 않은 곳이 없었다. 그 일을 일 년 꼬박했다. / 그러자 더 많은 소득이 생겼다. / 숨겨놓은 돈이라곤 한 푼도 없었지만 아버지는 현명했다. / 노동이 보물이란 걸 / 죽기 전에 아들들에게 보여줬으니." (라 퐁텐, 『전집』, 1권, 플레이아드, 191쪽) 베이

은 결국 손에 넣지 못했다. 그런데 수확의 계절이 돌아오자 예상치도 않았던 소출이 났다.

XXIX

이듬해 아들 하나가 형제들에게 이렇게 말했다. 아버지가 우리에게 물려주신 땅을 면밀히 살펴보았어. 나는 보물이 어디에 묻혀 있는지 이제 찾았다고 생각해. 내가 생각한 것 좀 들어봐. 밭에 보물을 감췄다면 보물이 묻혀 있는 곳을 보여주는 흔적이 몇 개라도 있어야 하지 않겠어? 그런데 동쪽 방향에서 이상한 흔적을 발견했지. 땅이 파헤쳐져 있던 것 같았거든. 지난 해 작업한 것으로 보물이 땅 바로 밑에 없다는 걸 확인했으니, 땅 속 더 깊은 곳에 묻혀 있다는 것이 분명하지 않겠어? 그러니 계속 가래질을 해서 꽁꽁 감춰놓고 내놓을 줄 모르는 땅 끝까지 파보도록 하는 게 어때? 형제들은 이성의

..

컨 역시 『신기관』에서 연금술사를 말하면서 이 우화를 예로 든다. 그들은 "이 같은 연금술사들의 황당한 작업방식에도 불구하고 그들이 발견한 것이 적지 않고, 인간에게 도움이 되는 여러 발명을 했다는 것은 부정할 수 없다. 그러나 이 연금술사들의 일은 우화에 나오는 포도밭 노인 이야기와 아주 흡사하다. 어떤 노인이 포도밭에 묻어둔 황금을 자식들에게 유산으로 남기면서 그 장소는 알려주지 않았는데, 자식들은 그 황금을 찾기 위해 포도밭을 열심히 갈았고, 황금은 찾아내지 못했지만 포도밭을 열심히 간 덕분에 포도농사가 풍년을 이루었다는 이야기 말이다."(『신기관』, 위의 책, 95-96쪽)

힘보다는 부자가 되고 싶은 욕망에 끌려 작업을 시작했다. 그들은 깊은 곳까지 파내려갔으나 결국 아무것도 찾지 못했다. 희망을 놓기 시작했다. 불만의 목소리가 들렸다. 그때 형제들 중 하나가 반짝이는 작은 입자粒子 몇 개를 발견하고는 곧 광맥이 터지리라고 생각했다. 사실 그것은 아주 오랜 옛날 사람들이 채굴했던 납 조각이었다. 형제들은 그것을 가공해서 막대한 이익을 얻었다. 합리주의 철학의 체계적 관념들과 관찰로 제시된 실험이 간혹 이러한 결과를 낳기도 한다. 이런 식으로 화학자들[78]과 기하학자들[79]은 아마 해결이 불가능한 것일지 모를 문제를 해결해보려고 노력하여, 결국 그 문제의 해답보다 더 중요한 발견에 이르기도 한다.[80]

⠂ ⠂

78. 연금술의 금속 변환의 실험을 암시한다.

79. 원의 적분법의 문제를 암시한다. 디드로는 이 문제에 큰 관심을 보였다.

80. "[체계적 분류법] 연구는 식물학자들의 현자의 돌(pierre philosop hale)과 같다. 식물학자들은 힘들게 오랫동안 공부하여 그 [분류법]을 찾고자 했다. 그렇게 어떤 사람은 사십 년을 보냈고, 다른 사람은 체계를 세우는 데 오십 년을 보냈다. 화학에서 있었던 일이 식물학에도 일어난 것이다. 그렇게 현자의 돌을 찾기만 하고 끝내 얻지는 못했으나 유용한 수많은 것들을 찾아냈다. 식물학에서도 마찬가지로 일반적이고 완벽한 방법을 찾고자 하면서 식물과 식물의 이용법을 더 많이 공부했고 너 잘 알게 되었다. 사람들에게는 머릿속에 그려보는 목표가 정말로 필요하다. 그렇지 않으면 어찌 고된 노동을 견딜 수 있겠는가. 모두들 실제로 할 수 있는 것만 하겠다고 생각한다

XXX

정말 조잡한 조작을 반복하는 일꾼이라도 경험이 많아져 대단히 익숙해지면 무언가 즉흥적으로 떠오르는 예감 같은 것이 생긴다. 그 예감이 틀릴 수도 있겠지만 그건 오로지 그 일꾼들에게 달린 일이다. 소크라테스도 그랬지 않은가. 그 예감을 몸에 익은 다이모니온[81]이라고 할 수 있는지도 그들에

● ●

면 결국 아무 일도 하지 않을 것이다."(『자연사』, I, 7쪽)

81. 『백과사전』에서 말레 신부(l'abbé Mallet)가 쓴 「소크라테스의 다이모니온」 항목(ENC t; IV, 821) 및 디드로가 쓴 「접신론자」 항목을 참조. "소크라테스의 다이모니온에 대해 한 마디만 하겠다. […] 우리 모두에게는 예감이라는 것이 있다. 더 많은 통찰력과 더 많은 경험을 갖는 만큼 우리의 예감은 더 정확해지고 더 신속해진다. 이는 대단히 미세한 정황들을 통해 우리가 내리는 신속한 판단이라고 하겠다. 어떤 현상에 앞서 존재하며 그 현상을 동반하지 않는 사실이란 없다. 이 현상들이 금세 지나가고, 일시적일 뿐이고, 미묘해 보일지라도 엄청난 감수성을 타고난 사람은 모든 것에 자극을 받고, 어떤 것도 그냥 넘기지 않고, 결국 그 현상의 영향을 받게 된다. 그래서 이런 수많은 인상들이 그에게 남게 된다. 현상은 기억 속에서 결국 그만 사라지곤 한다. 하지만 기억에 강한 인상이 남은 경우에는 기회가 될 때 되살아나서, 어떤 사건이 일어나게 되리라는 걸 알게 된다. 그들은 비밀스러운 목소리 같은 것이 마음 깊은 곳에서 말을 하고 그들에게 알려준다고 생각한다. 그들은 영감을 받았다고 생각하는데, 사실 정말 그런 것이다. 다만 그가 받은 영감은 초자연적인 신의 힘이 아니라, 특별하고 개별적인 신중함이 준 것이다. 신중함이란 우리가 처한 다양한 환경을 다가올 미래에 두려워하거

게 달렸다. 소크라테스는 사람들을 관찰하고 상황의 경중을 달아보는 데 놀라울 정도로 익숙했기에, 정말 미묘한 경우라 하더라도 자기 마음속에서 여러 상황들을 신속하고 정확하게 조합해보고 어떤 사건이 일어나리라 예측을 하면 그야말로 십중팔구 그 일이 일어났다. 소크라테스는 감식안을 가진 사람들이 재기 넘치는 작품을 감각적으로 평가하는 것처럼 사람들을 판단했다. 우리나라의 대단한 장색[匠色][82]들이 실험물리학에서 보여주는 본능[83]도 마찬가지이다. 그들은 자연의 작용이

나 희망해야 할 가능한 원인들로 볼 수 있게 해주는 가정이 아닌가? 그런데 이 가정이 우리가 보고, 지각하고, 느꼈던 별로 중요성이 없었던 무한히 많은 사실들을 기반으로 세워질 때가 있다. 우리는 그것을 우리 자신에게도, 다른 이들에게도, 설명할 수 없다. 그렇지만 그것은 우리의 두려움과 희망의 대상과 필연적이고 강한 관계를 갖는다. 그것은 하나하나가 지각할 수 없이 아주 작은 무수히 많은 원자와도 같지만, 이것들이 한데 결합하여 상당한 무게를 갖게 되어 우리가 왜 그런지 거의 알지도 못한 채 우리에게 영향을 주게 된다. 신은 물질의 가장 작은 분자에서도 전 세계의 질서를 본다. 이들 특권을 가진 사람들이 가진 신중함은 앞서 말한 신의 속성을 조금쯤 갖는 것이다. 그들은 너무도 멀리 떨어진 유추들의 거리를 줄인다. 다른 이들은 추측조차 못하는 데서 그들은 필연과도 같은 관계를 보는 것이다."(디드로, 『백과사전』, 「접신론자」, t. XVI, 253)

82. 장색(Manouvrier). "스승을 모시는 도제를 이르는 말"(『트레부 사전』).

83. 디드로는 『백과사전』의 「백과사전」 항목에서 이 '본능'의 문제를 다시 거론한다. "전적으로 받아들여서도 안 되고 거부해서도 안

이루어지는 것을 근거리에서 하도 자주 보았기 때문에, 정말 기상천외한 시도로 자연을 자극하고자 한다면 자연에 어떤 변화가 생길지를 정확히 간파해낸다. 그러므로 그들이 실험철학에 입문하는 사람들에게 줄 수 있는 가장 중요한 도움은, 어떤 절차를 밟으면 어떤 결과가 나오는지 가르쳐주는 것이라기보다는 말하자면 우리가 전혀 몰랐던 절차들, 전혀 새로운 실험들, 무시했던 결과들을 '간파하게'[84] 해주는 예지의 정신을 그들이 직접 경험해보도록 하는 것이다.

XXXI

그런데 이 정신은 어떻게 전해지는가? 무언가에 쓴 사람들

● ●

되는 세 번째 참조기호가 있다. 이를 통해 학문들에서는 어떤 관계들을, 자연의 실체에서는 유추적 특성들을, 기술에서는 유사한 여러 조작들을 접근시키면서 새로운 사변적인 진리를 가능하게 하고, 알려진 기술을 완전하게 하고, 새로운 기술을 발명하고, 잊힌 옛날 기술을 복원할 수 있을 것이다. 이 참조기호는 천재가 만들어내는 것이다. 이러한 참조기호를 알 수 있는 사람은 얼마나 운이 좋은 사람인가. 천재는 이처럼 결합의 정신을 가진 사람, 내가 예전에 『자연의 해석에 관하여』의 몇몇 부분에서 정의 내렸던 본능을 가진 사람이다."(디드로, 『백과사전』, 앞의 책, 101쪽)

84. Subodorer. "거의 쓰이지 않는 단어로, 자취를 좇아 멀리서 느끼는 것"(『리트레 사전』). 이 동사는 19세기 이전의 사전에 등재되어 있지 않다.

은 그것이 무엇인지 정확하게 알고, 몸에 익은 다이모니온을 지성적이고 명증한 개념으로 대체하고, 그 개념들을 다른 사람들에게 설명하기 위해서는 제 자신 안으로 내려가 봐야 한다. 예를 들어 그 사람이 '대립이나 유추를 가정하거나 지각하는 능력은 고립적으로 간주했던 존재들의 물리적인 특징들이나, 그 존재들을 결합된 상태로 고려했을 때 이들이 서로 만들어내는 결과들에 대한 실질적인 지식을 원천으로 한다'는 것을 알았다면, 그는 이 생각의 외연을 넓히고, 자신의 기억에 떠오르는 무한한 수의 사실들로 그 관념을 뒷받침할 것이니, 이것이야말로 그의 머리를 거쳐 나온 기상천외한 것으로 보이는 모든 것을 충실히 반영하는 역사가 될 것이다. 내가 지금 '기상천외하다고 한 것'은 대립에 기초를 두거나 유사성에 기초를 둔 이러한 추측들의 연쇄를 무엇이라고 불러야 할지 모르기 때문이다. 그러한 추측들은 서로 대단히 관련이 없어 보이기도 하고, 차이가 있더라도 대단히 미세한 차이뿐이므로, 환자가 꾸는 꿈만큼이나 기이하거나 엉성하게 이어져 있는 것 같다. 어떤 명제든 간혹 그 자체로 모순이 되거나, 그 명제에 앞서거나 뒤에 오는 다른 명제와 관련될 때 모순이 되는 경우가 있다. 이는 대단히 허술한 전제와 결과를 갖는 하나의 전체un tout이기에, 관찰을 해보거나 그 관찰로부터 경험을 끌어내는 일에 그저 코웃음을 치는 일이 많았다.

XXXII. 사례들

첫 번째 가설.[85] 1. '기형적인 태반, 혹은 기태崎胎, môle'[86]라는

- -

85. 32절부터 38절까지의 내용은 1753년부터 1754년 사이에 대폭 수정
되었다. 구성이 달라졌고, 새로 쓴 부분이 있고, 추가된 부분이 있어
서 분량이 두 배 가까이 늘어났다. 그 때문에 1754년판에서 페이지가
이상하게 매겨진 부분이 생겼다. 1754년판에는 가설(conjecture)이라
는 말을 썼지만 1753년판은 이를 "몽상들(rêveries)"이라고 했다. 디
드로는 "다른 사람들이라면 체계(système)라고 했겠지만 나는 이를
'몽상'이라고 하고 싶다"고 썼다. 『백과사전』에서 가설(conjec ture)
은 다음처럼 정의된다. "어느 정도 신빙성이 있는 증거들에 기반을
둔 판단을 말한다. 어떤 정황들이 존재한다면 다른 정황은 존재하지
않게 된다고 분명히 확신할 수 있기에는 존재와 사물 사이에 충분히
밀접한 관계가 없는 정황에 기반을 둔 것이다. 그런데 이 관계가
밀접한지 아닌지를 무엇으로 판단할 수 있는가? 오직 경험을 통해서
판단할 수 있다. 그렇다면 이 관계에 대해서 경험이란 것은 무엇인
가? 어떤 것이 주어졌을 때 다른 것도 주어지거나 혹은 주어지지
않는다는 점을 무수히 많은 실험을 통해 확신할 수 있다. 그래서
가설의 힘, 혹은 결론의 신빙성은 긍정적인 것으로 알려진 사건들과
부정적인 것으로 알려진 사건들의 관계에 달렸다. 그러므로 어떤
것에 대해서는 설득력이 약한 '가설'이었던 것이 다른 것에 대해서
는 설득력이 강한 가설이 되거나 한결같은 증명이 된다. 판단을
가설의 상태에서 벗어나게 하기 위해 어떤 정황이 존재할 경우 어떤
사건이 항상 일어난다거나 결코 일어나지 않는다는 점을 여러 차례
의 시도를 통해 꼭 발견할 필요는 없다. 추측을 중단하고 틀림없이
확신하게 되는 차이를 인지하기 어려운 어떤 지점이 존재한다. 다른

것이 있다. 이 기이한 조직은 여성의 몸에서 발생하는데 어떤
이들의 의견에 따르면 남성의 협력은 필요 없다고 한다. 아무
리 신비로운 방식으로 이루어지는 발생이라도 양성이 공히

· ·

모든 상황이 동일하다면 이 지점은 이 사람, 저 사람 모두 다르며
한 사람에게도 마주하는 사건에 따라, 성격에 따라, 그로서는 설명이
불가능한 무한한 상황에 따라 갖게 되는 이해관계에 따라 이 순간,
저 순간 모두 다를 수밖에 없다."(디드로, 「가설」, ENC, t. III, 870쪽)

86. 몰은 "해부학 용어로 여성의 자궁에 발생하는 두툼하고, 단단하고,
특별히 정해진 형태가 없는 덩어리인데 이는 태아와는 상관없다.
'유사(類似)수태'라고도 한다. [⋯] 고대 로마인들은 이를 '몰라
(mola)'라고 했는데 이 단어는 절구를 뜻하는 말로, 절구와 같은
모습으로 생겼고 그만큼 단단하기 때문이다. 몰은 되다 만 배아(un
embryon manqué)라 할 것으로, 수태 시 어떤 방해가 없었다면 태아로
성장할 수도 있었을 것이다. 몰은 특별히 골격이라 할 것도 갖추지
않았고 장기(臟器)라 할 것도 갖추지 않지만 간혹 이런 것의 특징이
완전히 사라지지 않아서 아이의 어떤 흔적을 간직할 때도 있기는
하다. 간혹 손이 보이기도 하고, 발이 보이기도 한다. 하지만 보통은
(태반과 양막(羊膜)과 같은) 후산(後産)이 보인다. 몰을 다루는 저자들
은 '몰'이 남자와 관계가 없이도 여성에게 생길 수 있는지에 대해서
는 합의를 보지 못했다."(루이, 「몰」, ENC, t. X, 626) 이 항목의 말미에
는 본 저작, 『자연의 해석에 대한 단상들』의 해당부분이 인용되어
있다.(ENC, t. X, 627)) 현대 의학에서는 태반이 기형적으로 성장한
것을 몰(기태)이라고 부른다. 난포막의 융모가 포도송이 모양의 무
리를 짓는 수많은 수포로 변하고, 다수의 경우 조산으로 귀결한다.
18세기에는 몰의 발생 원인을 알지 못했기 때문에, 결석, 낭종, 폴립
과 같은 현상과 혼동했다. 이런 이유로 여러 의사들이 남성의 개입
없이 여성에게 몰이 생길 수 있는지에 대한 여러 불확실한 증거를
내놓았다.

협력해야 한다는 것만큼은 확실하지 않은가? 기태는 남성의 산물과 여성에서 발산發散된 모든 요소들les éléments이 합쳐진 것인가, 혹은 여성의 여러 부위에서 남성에서 발산된 모든 요소들이 합쳐진 것인가? 이 요소들은 남성에게 차분하게 머물러 있다가, 열정적인 기질의 소유자로, 왕성한 상상력을 가진 어떤 여성들에게 쏟아져서 흡수되면 뜨거워지고, 자극되면서 활력을 얻을 수 있게 되는 것일까? 아니면 이 요소들이 여성에게 차분하게 머물러 있다가, 관능적이기만 할 뿐 수태로는 이어지지 않는 남성의 단독적이고 무익한 동작을 하는 모습을 마주하거나, 남성이 여성의 욕망을 부추겨 놓고서는 이를 억지로 막아 세우거나 참게끔 함으로써 작동되는 것은 아닐까? 그때 그 요소들은 저장되어 있던 곳에서 나와 자궁을 향하고, 그곳에 머물다가 그들끼리 결합하게 되는 것은 아닐까? 기태는 여성에서 발산된 요소들이 남성이 제공한[87] 요소

• •

87. 디드로는 이 생각을 뷔퐁에게서 가져온 것 같다. "개체 각자의 생식 액만으로는 어떤 동물도, 태아도 생겨나지 않는다. 그러나 생식액의 활동적인 입자들이 어떤 방식으로 서로 결합하고, 그렇게 결합되어 이루어진 것이 영양분을 공급받게 되는 곳에 존재할 때 유기적인 덩어리를 만들 수는 있다. [⋯] 여성의 고환과 남성의 음낭에서 골격을 갖추고, 살갗이 두툼하고, 체모를 갖는 것이 생겨났다면, 그것은 오직 한 개체의 생식액으로만 만들어진 것이다. [⋯] 예를 들어 나는 처녀들은 남성과 전혀 관계를 갖지 않아도 기태가 생긴다고 본다. 암탉이 수탉 없이도 계란을 낳는 것처럼 말이다. [⋯] 나는 과학아카

들과 합쳐지지 않고 그들 스스로 결합되거나, 남성에서 발산된 요소들이 여성이 제공한 요소들과 합쳐지지 않고 그들 스스로 결합되었을 때 생겼던 결과가 아닐까? 그런데 기태가 내가 위와 같이 가정한 결합의 결과라면, 발생의 법칙과 마찬가지로 그 결합의 법칙 역시 불변해야 하므로, 기태의 조직 역시 불변할 것이다. 메스를 들고 기태를 해부해서 절개한 뒤 그 안을 살펴보도록 하자. 성차性差의 흔적이 드러나는 서로 다른 기태들을 발견하는지도 모른다. 이와 같은 것을 우리가 전혀 모르는 것으로부터 우리가 덜 모르는 것으로 나아가는 기술이라 할 수 있겠다. 실험물리학의 천재적인 재능을 자연으로부터 받았거나 스스로 얻은 사람들은 놀라울 정도로 이런 비이성déraison적인 습관을 가진 이들이다. 몽상과도 같은 이런 것들 덕분에 여러 가지 발견이 가능해진다. 학생들에게 예지력이라고 해야 할 이런 능력을 가르쳐야 할 테지만 그런 것이 배워질 수 있는 것인지는 모르겠다.

2.[88] 그런데 시간이 흘러 기태가 남성의 협력 없이 여성의

데미의 의사이자 해부학자인 드 라 손 씨(M. de la Saône)가 본 주제로 발표했던 논문을 기억하는데 그분은 논문에서 수녀원에서 한 번도 외부로 나온 적이 없는 수녀들에게 기태가 생겼다는 점을 확인해주었다."(뷔퐁, 『자연사』, I, 623쪽)

88.   이 두 번째 문단은 1754년에 추가되었다.

몸에 생기지 않는다는 사실이 밝혀질 수도 있겠다. 이 기이한 조직에 대해 우리가 생각해볼 수 있는 몇몇 가설을 다음에 소개해볼까 한다. 이 가설들은 앞에서 다뤘던 가설들보다 훨씬 더 신빙성을 갖추고 있다. 이 혈관조직은 흔히 '태반'이라고 부르는 것인데 다들 알다시피 둥글고 작은 모자를 닮았고, 버섯 모양의 형태를 갖추고 있다. 그것의 볼록 솟아난 부분이 임신 기간 동안 자궁에 달라붙어 있고, 탯줄은 식물의 줄기와 같은 구실을 하다가, 출산의 고통이 일어날 때 자궁에서 떨어져 나오게 된다. 산모가 건강하고 분만이 순조로운 경우 태반의 표면은 일정하고 고르다. 이들은 발생이 되는 것도 아니고, 형태를 갖추는 것도 아니고, 기능을 수행하는 것도 아니다. 그저 저항, 운동 법칙, 보편적인 질서에 따라 생성되었을 뿐이다. 저 둥글고 작은 모자 모양의 것이 자궁과 맞닿고 접촉하면서 연결되어 있는 것처럼 보이는데 그것이 임신 초기부터 가장자리에서부터 조금씩 떨어져 나왔다면, 이러한 분리작용의 진행은 정확히 그것의 성장세를 따르게 된다. 내가 생각했던 것은 자궁에 부착되었던 가장자리가 떨어져 나와 서로 계속 접근하는 과정에서 점점 더 둥근 모양을 띠게 될 것이고, 서로 반대쪽으로 끌어당기는 힘이 탯줄을 당기고 있으므로, 가장자리 한 편은 볼록 솟은 모양을 띠고 저 둥글고 작은 모자 모양에서 떨어져 나와 탯줄의 길이를

단축할 테고, 가장자리의 다른 한 편은 태아의 체중으로 당겨
지게 되어 탯줄의 길이가 늘어날 것이므로, 이 경우 탯줄
전체는 보통의 경우보다 훨씬 더 짧을 것이고, 이 가장자리들
이 하나로 모이면서 완전히 결합하여 난(卵)과 같은 모양을
형성하게 되면, 그 난 한 가운데에서 기이한 방식의 조직을
갖춘 태아를 볼 수 있을 것이다. 그 태아는 생성될 때 가둬진
상태였고, 그래서 마음대로 움직일 수 없고 성장이 가로막혀
있던 상황에 놓여 있었기 때문에 기이한 조직을 갖게 되었던
것이다. 이 난이 점차 자라나, 표면의 작은 지점에 부착되어
있다가 무게가 늘어나면 결국 그 지점에서 떨어져 나와 홀로
자궁 속으로 들어가게 된다. 적어도 형태에서 만큼은 유추가
가능하므로 이를 임탉이 달걀을 낳는 것과 비교해서 산란(產卵)
이라고 할 만한 과정을 거쳐 자궁에서 배출된다고 생각해볼
수 있었다. 이 가설이 기태에서 검증되고, 남성과 전혀 접촉이
없더라도 여성에서 기태가 형성된다는 점이 증명된다면, 태
아는 여성 속에 이미 완전히 형성을 끝낸 상태이고, 반면
남성의 역할은 단지 태아의 발육에만 기여할 뿐이라는 확실
한 결론에 이를 것이다.

XXXIII

두 번째 가설.[89] 우리 시대 가장 위대한 철학자 한 분의

주장처럼 지구의 단단한 핵이 유리로 되어 있고, 그 핵이
먼지로 덮여 있다[90]고 가정하면, 자유로운 물체를 적도 쪽으

• •

89. 두 번째부터 네 번째 가설의 주제는 전기인데, 이 시대에 특히 유행이
된 주제였다. 정전기를 모으는 라이덴 병이 발명된 것은 1746년의
일이다. 영국 로열 소사이어티 회원인 피터 콜린슨은 1751년에 『미
국 필라델피아에서 벤자민 프랭클린이 수행했던 실험과 관찰(*Experi
ments and Observations on Electricity made at Philadelphia in America
by Mr. Benjamin Franklin*)』을 편집해서 출간하는데, 이 책은 프랑스
자연학자 토마 프랑수아 달리바르(Thomas-François Dalibard)가 1752
년에 프랑스어로 번역, 출판했다. 뷔퐁은 이 책에 대단한 흥미를
갖고, 1752년부터 전기와 관련된 실험을 시작했다.

90. 여기서 "위대한 철학자"는 뷔퐁을 가리킨다. "지구의 최초의 상태에
서 지구 내부는 유리화(琉璃化)된 물질로 이루어져 있었고, 이는 오늘
날도 마찬가지일 것이다. 이 유리화된 물질 위에 모래처럼 작은
유리 조각 같은 것들이 존재했다. 불의 작용으로 더 작을 수 없는
부분들로 부서진 것이다. 이런 모래 같은 유리 조각 위에 가장 가벼운
물질들, 경석(輕石), 유리화된 물질의 찌꺼기와 광재(鑛滓)가 떠 있어
서 이것으로 점토와 진흙이 만들어졌다."(뷔퐁, 『자연사』, I, 121쪽).
도방통은 『백과사전』의 「진흙」 항목에서 뷔퐁의 이론을 따르고
있다. "뷔퐁 씨는 진흙이 지구의 여러 층 중 하나를 이루고 있음을
증명했다. […] 진흙에 대해서 성찰하면서 그는 그것의 기원을 발견
했고 지구에 존재하는 진흙으로 지구의 형성과정을 설명할 수 있었
다. […] 뷔퐁에 따르면 불을 통해 모래를 구성하는 부분들이 동화되
어 단단하고, 조밀한 물질이 되는데, 이는 모래의 부분들이 동질적일
수록 그만큼 더 투명해진다. 모래가 오랫동안 공기에 노출되게 되면
그것을 형성했던 얇은 판들이 서로 분리되고 박리(剝離)되어 흙이
되기 시작하고, 이러한 방식으로 모래는 흙과 진흙을 형성할 수
있었다. 이 먼지와 같은 물질은 빛을 발하며 노랗게 반짝일 때도

로 이끎으로 지구의 모양을 납작한 회전타원체로 만드는 원
심력의 법칙의 결과, 이 먼지 층의 두께는 위선緯線에서보다
극지방에서 더 얇아야 하고, 그렇다면 이 핵은 축의 양끝에서
완전히 드러날지 모르며, 이러한 특성이 자침磁針의 방향을
결정하고, 그저 전기를 띤 물질의 흐름에 불과할는지 모를
북극광北極光[91]을 일으키게 된다는 점을 확신할 수 있다.[92]

• •

있고 잉크를 말릴 때 쓰는 은(銀) 조각과 비슷할 때도 있는데 이는
결국 대단히 순수한 모래와 같은 것이다. […]'(도방통, 「진흙」, ENC,
t. I, 645)

91. 극지방에서 발생하는 오로라가 전기로부터 발생한다는 가설은 18
세기에 꽤 독창적인 것이었다. 폴 베르니에는 1716년에 핼리가, 그리
고 1746년에 윙클러가 이 가설을 제시했다고 주장한다. 디드로는
여기서 『백과사전』에서 포르메가 쓴 「극지방의 오로라」 항목을
참조한 것이 아니라 『미국 필라델피아에서 벤자민 프랭클린이 수행
했던 실험과 관찰(Expériences et observations sur l'électricité faites
à Philadelphie en Amérique)』(뒤랑, 1756, 2권, 28-32쪽)의 118절을
참조했다. 1776년에 나온 팡쿠크판 『백과사전 보유(Le Suppément
à l'Encyclopédie)』의 「극지방의 오로라」 항목은 프랑스 천문학자
랄랑드의 것인데, 여기서 디드로의 가설을 다시 언급하고 있다. "내
가 보기에 이 빛[오로라]은 어떤 다른 현상 이상으로 전기와 더
큰 관계를 갖고 있다. 이 빛은 자성(磁性)을 띤 침(針)의 방향을 현저하
게 변화시키고, 유리 튜브에 들어 있는 인접하지 않은 뾰족한 침들이
전기를 띠게 한다. […] 오늘날 전기 물질과 자석 물질 사이에 상당히
밀접한 관계가 있음이 알려졌다. 전기 물질은 지구의 운동 방향에
따라 북쪽을 향하고, 극을 통해, 특히 자석의 극을 통해 나온다고
말할 수 있지 않을까? 자성을 띤 침은 서쪽으로 20도 기울어져 있고,

틀림없이[93] 자기(磁氣)와 전기의 원인은 동일해 보인다.[94] 천

'극지방의 오로라' 역시 같은 방향으로 이끌리는 것 같다. 이 오로라는 지구의 북쪽 지역에 연속적으로 존재하는데 이 점을 보면 그곳에 전기가 훨씬 강한 것 같다. 그러므로 꾸준히 이 점을 관찰하면 이 관계가 틀림없이 더욱 명확히 드러나리라 생각한다." 뷔퐁은 1788년에 쓴 『자석의 이론(Traité de l'amant)』에서 자성(磁性)이 지구에 존재하는 전기의 결과이고, 극지방에서 전기 물질의 흐름이 응축되면서 극지방의 오로라가 만들어진다고 확신했다.

92. "자침의 방향의 문제에 대해 내가 참조하는 이론은 하나부터 열까지 잘못된 개념 투성이로 보인다. 이 개념들은 실제로 존재하는 것이 아니라 내 이해력으로만 그 존재를 깨닫게 되는 것이므로 이를 받아들이는 일도 반박하는 일도 가능하다. 개념들은 외부에 실재하는 존재와 결합되면서야 튼튼해지는 것이다. 그런데 이 관계를 무엇으로 형성할 수 있는가? 경험을 통해서이다. 이론 체계를 확고히 하거나 무너뜨릴 수 있는 어떤 경험도 가져오지 못하는 체계는 사상누각과 같아서, 철학자의 관심을 받을 자격이 없다.

다음은 이전의 체계를 확고히 하거나 무너뜨리기 위해 해볼 필요가 있을 실험들이다.

흔히 전기에 대한 실험을 할 때 사용하곤 하는 구(球)를 하나 취해서, 그것을 얇은 금종이나 은종이로 싸는데, 극을 이루게 될 양쪽 끝은 제외하고 쿠션 사이로 축을 지나가게 하면서, 이들 부분을 동시에 혹은 따로따로 마찰되도록 한다. 구가 극을 이루는 양쪽 끝에서 마찰되는 동안 이 둘 위에 실(絲)이나, 자성을 띤 바늘이나 자성을 띠지 않은 바늘을 매달고 바늘이 어떤 방향을 가리키게 될지 관찰하도록 한다.

구는 단단한 것을 써야 하고 한 쪽 극은 노출된 채 두는 것이 좋을 것이다. 바늘이 자력을 띠기에 충분할 정도로 전기를 띤 물질이 지속적으로 작용하도록 노출되어야 일정한 방향을 갖게 될 수 있을 것이다. 이 전기를 띤 물질이 시계에 들어가는 시침, 분침에 자성을

띠게 한다면 말이다. 이때 구의 방향을 정해서 축을 경선(經線)에 두고, 지구 축과 평행하게 기울여야 하는지는 잘 모르겠다. 바늘의 무게와 위치도 반드시 고려해야 할 것 같다. 요컨대 이 시도를 실패로 끝나게 만들거나 성공하게 만들 수 있는 모든 상황들을 깊이 생각해서 수집한 뒤, 무엇보다 다양한 종류의 바늘을 가지고 실험해보아야 한다.

신중에 신중을 기하더라도 이 실험이 실패로 돌아간다면, 그 체계를 버려야 한다. 집을 짓기 위해 세웠다가 더는 필요 없게 되었을 때 비계(飛階)를 철거하듯이 말이다. 반대로 실험이 성공한다면 제시된 개념들과 그로부터 자연스럽게 나오게 될 개념들은 상당한 확실성을 확보하게 될 것이다.

자침이 한 방향이 아니라 여러 방향으로 움직인다면, 극이 정확히 핵의 노출된 중심부분에 놓이지 않았을 가능성이 있다. 물질의 어떤 부분도 등질적이지 않다면, 이곳의 층들이 약해졌거나 그곳을 덮고 있던 먼지가 싹 씻겨내려 갔을 때 그 끝이 정확히 원 모양이 되기란 당치도 않기 때문이다. 구의 직경을 크게 늘리고 바늘의 크기를 더 작게 하면서 새로운 실험을 계속하여 이 몽상의 결과를 증명할 수 있을 것이다. 그때 구의 노출된 부분의 경계가 대단히 불규칙하다는 점을 관찰할 수 있다."

벤자민 프랭클린의 작업에 영향을 받은 한 실험을 상세히 기록한 위의 부분을 디드로는 1754년판에서 삭제한다. 그러나 이 부분은 43절에서 다시 언급된다. 프랭클린이 열 번째 편지에서 기술한 연(鳶) 실험은 전기 물질과 벼락 물질이 동일하다는 점을 증명하는 것이다.(『실험과 관찰』, 앞의 책, 2권, 181-185쪽 참조)

93. 이 부분부터 33절의 나머지 부분은 1754년에 추가된 것이다.

94. 프랭클린뿐 아니라, 전기로 강철 바늘을 자성화해볼 생각을 했던 뷔퐁도 자성(磁性)을 전기의 효과로 봤다는 점에서 같은 입장이다. (『실험과 관찰』, 앞의 책, 2권, 135쪽)

구의 회전 운동과, 천구를 구성하는 물질들의 에너지가 달의 작용력과 결합될 때 그러한 결과가 생기는 것일 수 있지 않겠는가? 밀물과 썰물, 기류氣流, 바람, 빛, 천구의 자유로운 입자들의 운동이며, 천구의 핵 위에서 이루어지는 지각地殼 운동조차 무수히 다양한 방식으로 연속적으로 마찰을 일으킨다. 눈에 띠게 끊임없이 작용하는 원인들은 많은 시간이 흘러감에 따라 놀라운 결과를 만들어낸다. 지구의 핵은 거대한 유리 더미이며, 그 표면은 유리 파편, 모래, 유리화琉璃化가 가능한 물질로 덮여 있는데, 유리는 모든 물질들 가운데 마찰의 방식으로[95] 가장 전기를 다량으로 일으킬 수 있는 물질이다. 그러니 지구 표면에서 이루어졌든, 지구 핵의 표면에서 이루어졌든,[96] 지구에 존재하는 모든 전기는 마찰의 결과라고 해야 하지 않을까? 그런데 이러한 일반 원인에서 몇 가지 시도를 통해 개별 원인 하나를 이끌어낼 수 있으리라고 추측할 수

• •

95. 프랭클린은 전기가 유리(琉璃)의 본질 자체라는 가설을 제시했다. (『실험과 관찰』, 앞의 책, 1권, 187쪽)

96. 프랑스 천문학자 피에르샤를 르 모니에(Pierre-Charles Le Monnier, 1715-1799)가 쓴 『백과사전』의 「전기」 항목은 프랭클린의 실험을 따라, 유리로 된 구를 한 축 위에서 회전시키면서 마찰을 일으켜 전기의 성질을 띠게 하는 방식을 기술하고 있다. 디드로는 유추의 방식을 통해 지구를 연속적으로 마찰이 이루어진 구처럼 생각해볼 것을 제안한다. 지구가 띤 자성(磁性)의 속성들의 원천을 여기서 발견하는 것이다.

있다. 그것은 자침의 방향과 북극광이 자리하는 위치라는 두 가지 현상 사이의 관계와, 자석의 힘을 빌리는 일 없이 오로지 전기만을 이용하여 바늘을 자성화[97]할 때 자성磁性과 전기 사이에 존재한다고 증명된 관계를 동일한 것으로 만들어준다. 이러한 개념은 우리의 이해력을 통해서만 실재한다는 것을 알 수 있으므로 받아들일 수도 있고 받아들이지 않을 수도 있겠다. 이 개념을 더욱 확고하게 만들어주는 것이 경험이며, 개념과 현상을 분리하거나 동일시하는 것은 이 둘을 머릿속에 그려보는 자연학자의 몫이다.

XXXIV

세 번째 가선. 전기의 성질을 띤 물질을 전기가 통하는 곳에 두면 어디에서든 유황硫黃 냄새가 강하게 난다.[98] 화학자

* *

97. 디드로는 전기와 자성화(磁性化) 사이의 이 관계를 『백과사전』의 「마쇄(磨碎, Attrition)」 항목에서 언급한 바 있다. "그레이 씨는 깃털을 손가락으로 마찰하는 것만으로도 어느 정도 전기를 얻게 된다는 점을 발견했다. 그때 손가락은 깃털에 대해 자석이라고 볼 수 있다. 또한 그는 머리카락 한 올을 서너 번 같은 방식으로 마찰하면 반(半)푸스(1푸스는 2,7센티미터) 거리에서도 손가락 쪽으로 날아간다는 점을 발견했다."(ENC, t. I, 857)

98. "벼락을 맞은 사람 쪽으로 아주 가까이 접근하면 그 사람 몸에서 발산되는 이상한 냄새를 맡게 된다. 어떤 이들은 이를 소변에 존재하는 인(燐)과 관련 있다고 주장한다. 벼락을 맞은 사람의 몸 어디에서

들께 전기의 이런 성질에 달려들어 연구를 해주시기를 부탁
드린다. 왜 화학자들은 이용할 수 있는 모든 수단을 동원해서
전기의 성질을 띤 물질이 가능한 한 가장 많이 포함되어 있는
유체流體를 만들어보려 하지 않았던 것일까? 우리는 설탕이
맹물에서보다 전기의 성질을 띤 물에서 더 빨리 용해되는지
더 늦게 용해되는지 모른다.[99] 가마에서 타오르는 불은 고열
로 태운 납에서 그러하듯 어떤 물질의 중량을 상당히 증가시
킨다. 전기에서 생긴 불을 지속적으로 이 금속에 고열로 가했
더니 중량은 한층 더 증가했다. 그러므로 이 결과를 토대로
전기적인 불과 일반적인 불 사이에 새로운 유추관계를 세울
수 있지 않을까?[100] 화학자들은 이 특별한 전기적인 불이 약藥

• •

> 나 그런 냄새가 뚜렷이 나고 그의 손에 들린 전기를 띠지 않는 모든
> 물체에서도 역시 마찬가지 냄새가 난다. 구를 이용해서 양철 튜브에
> 즉각 전기를 띠게 해도 똑같은 냄새가 나고, 빛을 내도록 전기의
> 성질을 띠게 했던 물체들과 가깝게 놓아도 그 냄새를 일정 정도
> 맡을 수 있다."(르 모니에, 「전기」, ENC, t. V, 473)

99. 1753년판에서 34절은 여기서 끝나고, 이후 나머지 부분은 '다섯 번째
   몽상' 부분에 재 수록되었다.

100. 18세기에 빈번히 논의된 한 가지 주제는 보통의 불(火)과 전기적인
   불이 같은 성질을 갖고 있는지 아닌지에 대한 것이었다. 르 모니에는
   『백과사전』의 「전기의 불, 전기를 띤 유체」 항목에서 프랭클린의
   입장을 인용한다. "프랭클린 씨는 전기의 성질을 띤 물질은 일반
   물질을 뚜렷한 저항 없이 대단히 자유롭게 투과하고 통과하는 진정
   한 '불'이라고 생각한다 [⋯] 전기의 불과 보통의 불은 속성은 서로

의 효과를 더욱 높일 수 있는지, 물질의 실효를 더욱 높이는지, 국소약局所藥[101]의 효력을 더욱 높이게 되는지 실험해본 바 있다. 그런데 이런 실험[102]을 너무 일찌감치 포기했던 것은 아닐까? 전기를 통했을 때 수정水晶이 만들어지고 수정의 구성이 변하게 되지 않을 것도 없지 않을까? 상상력으로 품어 보고 경험을 통해 확증하거나 무너뜨려야 할 가설이 얼마나 많은가! 다음 항목을 보라.

• •

다르지만 동일한 원소가 변형된 것에 불과한 것 같다."(프랭클린, 『실험과 관찰』, 앞의 책, 2권, 35쪽을 참조). 르 모니에는 전기를 띤 물질과 원시적인 불의 문질을 동일하다고 본 놀레 신부의 입장을 인용하는데, 디드로는 놀레 신부를 인용하지 않는다.

101. "병의 치료를 목적으로 신체의 여러 부분에 붙이는 약"(드 소쿠르, 「국소약(Topique)」, ENC, t. XVI, 418).

102. 도몽은 『백과사전』의 「약효가 있는 전기」 항목에서 1751년에 『트레부 논집』에 실린 논문 하나를 언급한다. 이 논문은 마비환자에게 전기 치료가 효과를 볼 수 있을지 모른다고 언급하고 있다. 놀레 신부는 과학아카데미의 위임을 받아 실험을 반복하고 그 경이로운 치료방법이 정말 효과가 있는지 연구하기 위해 이탈리아에도 갔다. 놀레 신부의 결론은 효과가 없다는 것이었다. 그러나 도몽은 디드로처럼 의학에서 전기 치료가 필요한지 불필요한지는 아직 결정할 단계가 아니지만, 아마 전기가 동물의 구조에서 큰 역할을 한다고 본다. 라이덴 병(瓶) 실험을 언급했던 르 루아의 「벼락(Coup foudroyant)」 항목은 의학에서 전기 치료의 문제에 대해 신중한 결론을 내리고 있다.

XXXV

네 번째 가설.[103] 대부분의 유성遊星, 도깨비불, 발산發散, 유성 우遊星雨, 자연적이거나 인공적인 인燐,[104] 썩었을 때 빛을 내는 나무들과 같은 현상은 전기를 원인으로 하는 것이 아닐까?[105]

• •

103. 네 번째 가설은 뒤에 인용할 1753년판과 완전히 다르다. 1753년판에서 디드로는 이 부분을 "네 번째 몽상. 몇몇 질병을 치료할 목적으로 전기 요법을 시도해본 사람들이 있다. 불임 치료에 이를 성공적으로 적용해보지 못할 것도 없다. 전기의 성질을 띠는 물질을 어둠속에 전파할 때 그 물질은 대단히 민감하게 불의 색깔과 광채를 전하게 되는데 이 물질이 차갑고 활기를 띠지 못하는 정자 물질을 자극하고, 그 정자 물질을 움직이게 하고 결합할 수 있는 상태로 만들어 그 결과 동물 조직을 이룰 수 있게 할 수 있을지 누가 알겠는가?"로 썼다.

104. 『백과사전』의 「인(燐)」 항목을 보면 인은 "어둠 속에 빛을 전하는 속성을 가진 물질로, 자연적인 인이 있고 인공적인 인이 있다. 자연적인 인은 기술의 도움을 받지 않고 자연적으로 만들어진 것이다. [⋯] 빛을 내기 위해서 미리 마찰할 필요가 있는 인이 있고, 공기에 노출되는 것으로 충분한 인이 있다. [⋯] 인이 발생시키는 빛의 일반적인 원인은 일반적으로 다른 물질보다 인에 불의 물질 또는 빛의 물질이 많이 함유되어 있어서 단순 마찰로도 그 물질이 작동이 되거나, 공기 중에서 불 또는 빛의 입자들이 단순히 작용하는 것만으로도 그 물질을 깨울 수 있는 것이다. 인과 관련된 이런 현상들은 전기의 현상과 밀접한 관련이 있다."(돌바크, 「백과사전」, ENC, t. XII, 525)

105. "황을 함유한 인화성 증기가 땅에서 발생해 대기 중으로 올라가다가 번개를 만나면 쉽게 불이 붙는다. [⋯] 고목과 고택의 썩은 나무도 같은 효과를 내는 것이라, 그것 때문에 이 나무에 쉽게 불이 붙는다."(프랭클린, 『실험과 관찰』, 앞의 책, 2권, 38쪽)

인으로 실험을 해보면 이 점이 확실해질 텐데 왜 그렇게 하지 않는 것일까? 공기 역시 유리처럼 그 자체로 전기가 통하는 물체, 다시 말하면 두드리고 마찰하면 전기를 띠게 되는 물체인지 아닌지 알아볼 생각들을 왜 하지 않는 것일까? 유황물질이 함유된 공기가 그렇지 않은 순수한 공기보다 전기의 성질을 더 띠는지 덜 띠는지 누구도 모르고 있다. 금속막대를 많은 부분 공기 중에 노출시키고 엄청나게 빠른 속도로 회전시키면 공기가 전기의 성질을 띠게 되는지, 그 금속막대는 무엇으로 전기를 얻게 되는지 알게 될 것이다. 이 실험을 하는 동안 황이나 다른 물질을 태워본다면 공기에 들어 있는 전기적인 특성을 증가시키는 것은 무엇인지, 감소시키는 것은 무엇인지 알게 될 것이다. 적도의 더운 공기보다 북극의 차가운 공기가 전기적인 성질을 더 잘 띠게 될지 모른나. 얼음에는 전기가 통하지만 물은 그렇지 않기 때문에, 자침이 방향을 가리키고 극지방에서 오로라가 발생하는 현상들의 원인을 극지방에 쌓여 있고, 다른 곳보다 극지방에서 더 많이 발견되는 유리핵을 향해 이동한 엄청난 규모의 만년빙하에서 찾을 수 있을지 누가 알겠는가. 우리가 두 번째 가설에서 넌지시 언급하고 넘어갔지만 극지방의 오로라 역시 전기와 관련되어 있는 것 같다.[106] 이 관찰을 통해 자연을 움직이는 가장 일반적이고 가장 강력한 원동력이 발견되었다. 그 원동

력에서 어떤 결과들이 생기는지 밝혀주는 것은 실험이 담당
할 몫이다.

XXXVI

다섯 번째 가설.[107] 1. 현악기의 현 하나를 팽팽하게 하고,
현 사이에 장애물을 살짝 배치하여 이를 균등하지 않은 두

• •

106. 디드로는 여기서 유추의 방식을 통해 앞에서 개진한 다양한 생각들
    을 결합하고 있다. 얼음을 마찰하면 전기의 성질을 띠게 되지만
    얼음을 데우면 이 성질이 사라지고, 마찬가지로 자석도 뜨거워지면
    자성을 잃는다. 디드로는 그렇다면 지구의 자성은 혹시 극지방이
    얼음으로 덮여 있기 때문은 아닌지 생각해보고 있다.

107. 디드로는 전기에서 탄성(彈性)의 주제로 넘어간다. 탄성의 주제는
    고전주의 시대에 오랫동안 논쟁의 대상이 되었다. 도식적으로 설명
    하자면 데카르트주의와 뉴턴주의의 입장이 서로 맞선다. 데카르트
    주의는 대단히 미세한 물질인 에테르나 소용돌이(渦動)를 기반으로
    하며, 뉴턴주의는 물질의 가장 작은 입자들 사이에 작용하는 인력
    (l'attraction)을 통해 탄성의 속성을 설명한다. 다섯 번째 가설에서
    디드로는 뉴턴주의의 틀을 유지하면서 모든 것이 고립되지 않은
    채 이어져 있는 자연의 단일성의 생각을 강조하는 것 같다. 그는
    유추의 방식을 통해 탄성을 고립된 현상으로 보지 않고 다른 현상들
    과 비교될 수 있다고 생각한다. 단단한 외부의 충격을 받은 후 미동
    (微動, frémissement)하는 것이 그 예이다. 세계 전체를 탄성체로 생각
    해볼 수도 있는 것이다.
    1753년판의 36절은 1754년판에서 34절로 바뀌었다. 1754년판의
    36절의 1번 부분은 많은 수정을 거쳤다. 2번에서 6번까지의 부분은
    1754년판에 추가된 것이다.

부분으로 나누어 보는데, 이때 현의 한 부분에서 일어난 진동이 다른 부분으로 전달되는 데 문제가 없어야 한다. 그러면 이 장애물이 현의 두 부분 중 더 긴 쪽을 여러 개의 진동하는 부분들로 분할한다는 사실이 잘 알려져 있다. 현의 두 부분은 같은 음을 내게 되고, 현의 두 부분 중 더 긴 쪽에서 진동하는 부분들은 두 개의 고정점 사이에 들어 있다. 진동체振動體를 공명하게 만드는 원인은 현의 더 긴 부분이 분할되기 때문이 아니라, 현의 균등하지 않은 두 부분이 같은 음unisson을 내기 때문이다. 그러므로 이렇게 발생한 같은 음은 분할의 원인이 아니라, 한 결과일 뿐이다. 이제 나는 현악기 대신 금속 막대를 취하고, 그 금속 막대에 강한 타격을 가한다면, 막대의 수직 방향에 따라 배腹와 매듭[108]이 형성될 것이라고 본다. 이는 음의 발생 유무와는 무관하게 모든 탄성체[109]에서 동일

• •

108. 매듭(Noeud)은 "진동하는 현(弦)이 정제수(整除數)로 나뉘어 떨어지는 부동하는 고정점"을 가리킨다.(『리트레 사전』)

109. 달랑베르는 『백과사전』의 「탄성 혹은 탄성력」 항목에서 탄성을 "자연의 물질이 갖는 속성 혹은 힘으로서, 그것으로 어떤 외부의 원인 때문에 잃었던 형상과 연장(延長)을 스스로 되살리게 된다"고 설명한다. "탄성은 물체를 이루는 부분들의 치밀성에 따라 달라지는 것 같다. 금속을 두드려 펼수록 그 금속은 더 치밀해지고 더 큰 탄성력을 갖게 된다. 담금질한 강철은 무른 강철보다 훨씬 더 큰 탄성력을 갖는다. 담금질한 강철의 중량과 담금질하지 않은 강철의 중량을 비교해보면 7809과 7738의 차이가 있다. 그 외에도 물체는

하게 나타나는 현상이고, 진동하는 현에서 발생하는 이 현상은 타악기에서도 더 강하거나 더 약한 방식으로 동일하게 일어나고, 이 현상은 여전히 운동이 전달되는 일반법칙을 따르고, 물체에 타격이 가해질 때 그 물체에는 무한히 작은 진동하는 부분들과, 무한히 인접한 매듭 혹은 고정점이 존재하고, 이 진동하는 부분들과 이들 매듭이 물체에 충격을 가한 후 손을 가져다 대면 느낄 수 있는 미동微動110의 원인인데,

보다 차가운 상태에서 더 큰 탄성력을 갖는 것 같다. 그 물체를 이루는 부분들이 보다 조밀하기 때문이다. 그래서 바이올린의 현(弦)은 여름보다 겨울에 더 크게 진동한다."(ENC, t. V, 444)

110. "진동체(corps sonore)를 하나는 그것보다 열두 번째 낮은 음을 내는 물체와, 다른 하나는 그것의 열일곱 번째 낮은 음을 내는 물체와 조율할 때, 첫 번째 물체를 진동(résonner)시킬 때 뒤의 두 물체는 진동을 하는 대신 미동하게 된다(frémir). 더욱이 뒤의 두 물체는 이렇게 미동하면서 파동과 같은 움직임이 일어나 하나는 동일한 세 부분으로, 다른 하나는 동일한 다섯 부분으로 분할된다. 이렇게 분할된 부분들은 미동하면서 진동하게 된다면 바탕음(主音, son principal)의 옥타브에 해당하는 음을 발생시킨다. 그렇게 해서 한 현을 튕기거나 칠 때 나오는 음을 '도'라고 한다면 열두 번째와 열일곱 번째 낮은 음을 내는 두 현은 미동하여, 각각 '파'와 '내림 라'음을 내게 된다. 이 세 현이 모두 진동한다면 이 화음은 '내림 라' '파' '도'로 구성된다. […] 이 두 실험을 통해서 1° 어떤 음이든 하나만을 퉁긴다면 '도'와 동시에 그것의 열두 번째 높은 음인 '솔'과 열일곱 번째 높은 음인 '미'를 듣게 되고, 2° '도'의 열일곱 번째 낮은 음인 '내림 라'와 열두 번째 음인 '파'는 진동하는 일 없이 미동하게 된다는 점을 알게 된다."(달랑베르, 「바탕음」, ENC, t. VII, 54-55).

이 미동은 국지적인 병진泣進, translation locale이 이루어질 때도 있고, 이러한 병진이 중단된 후에 나타날 수도 있을 텐데 이러한 가정은 미동의 본성과 부합하는 것으로, 미동은 접촉이 이루어진 표면 전체에서부터 시작하여 접촉이 이루어지는 민감한 표면 전체로 전해지는 것이 아니라, 접촉이 이루어진 표면에 무한히 분포되어 있는 점들이 무수히 많은 부동점들 사이에서 막연히 진동하게 되면서 이루어지는 것이기 때문이고, 탄성체가 연속적으로 이어져 있는 경우에는 그 전체에 단일한 방식으로 불활성의 힘force d'inertie이 분포되어 있어서 그 힘은 어떤 점이라 할지라도 그것과 다른 점에 대해서 약하나마 장애물의 기능을 하게 되고, 무한히 작은 진동현振動弦의 부분을 뒀겠고, 그 현의 무한히 작은 배腹들과 그것에 무한히 인접한 매듭들을 가정해본다면, 한 방향에 따라, 다시 말하자면 한 선 위에서 한 고체가 충격을 가했을 때 그 고체 속에서 사방으로 작동하는 것의 이미지를 그려볼 수 있다. 한 진동현이 장애물을 통해 중단되게 되는 부분의 길이가 주어지면, 다른 부분 위의 부동점의 수는 어떤 경우에도 증가할 수 없고, 충격의 강도가 강하든 약하든 부동점의 수는 동일하고 변하는 것은 진동 속도뿐이므로 물체가 충돌할 때 미동의 힘은 더 크거나 너 직올 것이고, 진동하는 점들과 부동점은 수적 관계로는 동일할 것이고, 충격의 강도, 물체의 밀도, 물체를 구성하는 결합도와는 무관하게 이 물체에서 부동하는 물질량은 일정할 것이다. 그러므로 기하학자가 진동현의 계산을 각기둥, 구珠, 원기둥으로 확장하기만 하면 충격이 가해진 물체에서 운동이 분포되는 일반법칙을 발견할 수 있다. 지금까지 누구도 이 현상이 존재한다고 생각하지도 않았고, 반대로 물질 전체에서 운동은 동일한 방식으로 분포된다고 간주했으므로 당연히 누구도 이 법칙을 발견할 수 없었다. 그렇지만 충격 속에서 미동이 생기는 것으로 부동점들 사이에 진동점이 실제로 분포되어 존재한다는 점을 시각과 촉각 등과 같은 감각을 통해 확실히 발견했던 것이다.[111]
내가 '충격 속에서'라고 말한 것은 전혀 충격이 일어나지 않았을 때 물체가 운동의 전달과정에 끌려들어가는 것은 가장 작은 분자가 그렇게 끌려들어가는 것과 같은 방식이고, 운동은 전체에서 동시에 동일한 방식으로 일어나게 되는 것

··

111. 디드로는 여기서 데카르트의 충격(choc)이론을 간접적으로 비판하고 있다. 데카르트는 충격이 가해진 물체 전체에 배분된 운동량이 동일하다고 가정함으로써 자신의 이론을 단순화하고자 한다. 이 점에 대해 디드로는 충격이 가해진 물체에 운동이 배분되는 방식을 연구할 때 진동(振動, vibration) 모델을 따를 필요가 있음을 지적한다. 이런 의미에서 이는 우리에게 진동을 느껴지게 만드는 실험의 방식을 취하면서 '합리주의 철학'을 수정하는 한 가지 사례로 볼 수 있다. 모든 것을 단순화하는 합리주의 철학은 우리에게 자연의 실제 모습이 어떤지에 대해서는 아무 말도 하지 않는다.

같기 때문이다. 그래서 이 모든 경우에서 미동은 전혀 존재하지 않으며, 이것으로 결국 충격과 미동을 구분할 수 있다.[112]

2. 힘의 분해의 원리를 통해 한 물체에 작용하는 모든 힘을 항상 하나의 힘으로 환원할 수 있다. 물체에 작용하는 모든 힘의 양量과 방향이 주어지고, 그것으로 발생하는 운동을 측정해보자면, 마치 힘이 무게 중심을 통과하기라도 하듯 물체

• •

112. 달랑베르는 탄성의 원인을 설명하는 여러 이론들을 비판한 뒤 다음과 같이 덧붙인다. "위에서 했던 내 설명은 오직 과감한 철학자들에게 들으라고 한 말이다. 그들은 상상력을 통해 만들어진 환상을 자연의 비밀로 간주하면서 근거 없고 경솔하게 제시된 가설을 통해 현상들을 설명한다고 생각하고 있으니 말이다. 그러나 뛰어난 관찰력을 지니고 자연을 연구할 때 자신의 통찰력과 예지를 이용하는 사람들은 앞의 철학자들괴 같지 않다 이들은 대단히 신중한 사람들로 적용범위가 넓고 유리한 관점을 단지 단순한 가설에만 부여한다. 디드로 씨가 『자연의 해석에 대한 단상들』에서 탄성의 원인으로 제시한 관점이 그것이다.

먼저 디드로 씨는 악기의 현 하나 사이에 가벼운 장애물을 두어 그 현을 두 부분으로 나누고 이를 튕길 때, 배(腹, ventres)와 매듭(noeuds)이 생긴다는 점에 주목했다. 디드로 씨는 탄성을 가진 모든 물질이 이와 같고, 이 현상은 정도의 차이는 있지만 타악기에서도 발견되고, 진동이 이루어지는 부분들과 부동의 점으로 남는 매듭이 충격이 가해진 탄성체에 손을 대었을 때 느껴지는 미동(微動)의 원인이고, 이 미동과 충격이 가해진 현에 일어나는 미동은 충격의 강도에 따라 더 클 수도, 덜 클 수도 있지만, 등시적(等時的, isochrone)이라는 점에서는 동일하고, 그래서 현의 진동의 법칙을 탄성체의 충격에 적용해보아야 할 것이다."(「탄성」, ENC, t. V, 445)

가 앞으로 나아가고, 마치 무게 중심이 고정되어 있기라도 하듯 물체가 무게 중심 주위에서 더욱 회전하고, 힘은 작용점 주위에서처럼 이 무게 중심 주위에서 작용하고 있다는 점을 알게 된다. 그러므로 두 분자가 서로 끌어당기고 있다면, 분자들은 인력의 법칙, 그들의 형상 등에 따라 서로 배치될 것이다. 이런 두 분자의 체계가 그것과 서로 이끌리는 세 번째 체계를 끌어당기게 된다면, 이 세 분자들 역시 인력의 법칙, 그들의 형상 등에 따라 서로 배치될 것이고, 이런 식으로 다른 체계들과 다른 분자들의 배치가 계속 이루어질 것이다. 이들 분자 전부는 하나의 체계 A를 형성할 것이고, 그 분자들이 접촉하든 않든, 운동하든 정지해 있든, 이들 분자는 그들의 결합을 방해하는 경향을 가지는 어떤 힘에 저항하고, 이렇게 섭동력 攝動力이 작용을 멈추면 원래의 질서를 회복하고, 섭동력이 작용을 계속하면 분자들 사이의 인력의 법칙, 그들의 형상 등과 섭동력의 작용에 따라 서로 결합하거나 할 것이다. 나는 이 체계 A를 탄성체라고 부른다. 이와 같은 보편적이고 추상적인 의미로 볼 때, 태양계도, 우주도 그저 하나의 탄성체에 불과하다. 카오스란 불가능하다. 그것은 본질적으로 물질이 처음으로 갖는 성질들에 부합하는 질서이기 때문이다.[113]

• •

113. "더욱이 물질의 분자들은 인력, 즉 일반적으로 어떤 알려지지 않은

3. 체계 A를 진공 상태에서 관찰한다면, 그 체계는 파괴가 불가능하고 조금도 흔들림이 없고 영원할 것이다. 그 체계를 구성하는 부분들이 무한한 우주 공간에 산재散在해 있다고 가정해보자. 인력과 같은 특성들은 그 부분들의 작용 범위가 제한되지 않을 때 무한히 전달되게 된다.[114] 이들 부분의 형상이 다양한 방식으로 전혀 변화될 수 없고, 동일한 힘이 가해져 활성화될 때 장차 과거에 결합했던 방식으로 다시 한 번 결합할 것이고, 탄성체가 공간의 어떤 지점과 시간의 어떤 순간에 다시 형성될 것이다.

4. 체계 A를 우주에 가져다 놓으면 이와 같지 않을 것이다. 우주에서도 결과들은 필연적으로 나타나겠지만, 원인들의

··

    원인을 통해 서로 작용하여(디드로 씨는 여기서 인력을 오직 이러한 관점 하에서만 고려하고 있다), 이들 분자가 상호작용하여 일정한 방식으로 배치된다고 생각해보도록 하자. 이 작은 입자들의 질서를 흩트려 놓게 되면, 그 입자들은 최초의 상태로 되돌아가거나 적어도 입자들의 작용 법칙과 섭동력(攝動力)의 법칙에 따라 그들 사이에 조화가 생기게 된다. 디드로 씨는 이러한 입자들로 구성된 체계를 A라고 부르는데 이것이 탄성을 가진 물체이다. 그리고 디드로 씨에 따르면 우주는 이런 의미에서 하나의 탄성체일 것이다. 이는 대단히 새로운 생각이고 많은 방향에서 적용해볼 수 있다."(「탄성」, ENC, t. V, 445)

114.   『자연의 해석에 대한 단상들』의 마지막 부분에 추가된 고찰에 이 생각이 다시 등장한다.

작용은 특히나[115] 필연적으로 이루어지므로 간혹 불가능할 때도 있다. 일반 체계나 일반 탄성체에서 서로 결합한 원인들의 수는 대단히 크므로 애초에 특수 체계나 특수 탄성체가 어떤 상태였고 앞으로 어떤 상태가 되는지 알 수 없다.[116] 그러므로 우리가 대기 중에 존재한다는 것을 알고 있는 경도硬度와 탄성이 인력에서 생긴다는 점을 주장하지 않는데도, 진공상태에서는 오직 인력이라는 물질의 속성만으로도 경도와 탄성이 충분히 생기고, 저압화(raréfaction)와 응축화(condensation) 및 이 둘에 따라 일어나는 모든 현상이 생겨나는 것이 틀림없지 않은가? 그러니 인력이야말로 우리의 일반 체계에서 일어나는 모든 현상들의 최초의 원인이지 않을까? 무수히 많은 원인들이 그 최초의 원인을 변형시켜 개별 체계 혹은 개별 탄성체들에서 일어나는 모든 현상들을 무한히 다양하게 만드는 것이 아닐까? 그래서 어떤 탄성체를 둘로 접으면 그 탄성체를 구성하는 부분들을 한 방향으로 모이게 하는 원인이 그 부분들의 사이를 반대 방향으로 크게 벌어지게

• •

115. 특히나(déterminément). "표현적으로, 긍정적으로, 특별히"(『트레부 사전』)

116. "진공 상태에서도 체계 A는 파괴될 수 없지만, 우주에는 이 체계의 성질을 변화시키는 무수한 원인이 있다."(달랑베르, 「탄성」, ENC, t. Ⅴ, 445)

만들어, 이들 부분에서 상호적으로 작용하는 인력 때문에
이들 사이에 서로 더는 뚜렷한 작용이 일어나지 않게 되어,
그만 부러지고 말 것이다. 탄성체에 충격이 가해지고 그 충격
때문에 최초의 진동이 시작되어 진동하게 되는 다수의 분자
들은 그 분자들이 사이사이에 분포되어 있는 부동하는 분자
들과 거리를 취하게 되는데, 그래서 이들 분자가 상호작용하
는 인력으로 서로를 끌어당기는 뚜렷한 작용을 더는 갖게
되지 않게 될 때 그것은 그만 부서져버릴 것이다. 충격의
강도가 상당하여 진동하는 분자들이, 인력이 뚜렷이 작용하
는 범위를 넘어서 버렸다면, 그 탄성체는 원자들로 돌아가
버릴 것이다. 하지만 한 탄성체에 일어날 수 있는 가장 강한
충돌과 그저 가장 미약한 미동만 일으키고 말 수도 있을 충돌
사이에 다른 충돌이 하나 있는데 이는 실제로 존재하는 것이
기도 하고 머릿속으로만 그려보는 것이기도 하다. 그 충돌로
인해 탄성체를 구성하는 모든 원소들이 분리되어 더는 결합
하지 않게 되지만 체계는 파괴되지 않고 결합관계도 그대로
유지되는 것이다.[117] 독자들 스스로 동일한 원리를 저압화며,

. .

117. "어떤 탄성체를 접을 때 그것을 구성하는 부분들이 작용 범위를
    넘어 섭동력으로 밀어지게 될 때 그만 끊어지게 될 것이다. 이들을
    떼어 놓는 힘이 강하지 않을 때나 입자들이 상호작용하여 어떤 결과
    가 산출되도록 하게 될 때 그 물체는 다시 원상태로 돌아가게 될

응축하며 하는 것에 적용해보기를 바란다. 이 자리에서 우리는 충격을 통한 운동의 전달과 충격이 매개되지 않는 운동의 전달이 어떻게 다른지만 검토하는 것으로 그칠 것이다. 어떤 물체가 충격의 매개 없이 이동했을 때 그 물체를 이루는 모든 부분들은 동시에 균일하게 존재하므로, 이러한 방식으로 전달된 운동량이 얼마가 되건, 심지어 운동량이 무한하다고 해도 그 물체는 결코 파괴되는 일이 없을 것이다. 어떤 충격이 부동의 상태로 남아 있는 부분들 사이에 분포되어 있는 다른 부분들 몇몇을 진동시켰을 때, 최초의 진동들이 갖는 배腹의 진폭이 상당해져서, 진동하는 부분들은 더는 원래의 제자리로도, 그 체계를 구성하는 결합관계로도 돌아올 수 없다.

5. 앞에 제시한 설명은 엄밀하게 말하면 단순 탄성체 및 인력의 동일한 법칙에 따라 운동하고 동일한 양으로 활성화된 같은 물질, 같은 형상을 가진 입자들의 체계만을 다룬다. 그러나 이 모든 특성이 다양해지게 되면 무수히 많은 혼합 mixte 탄성체가 생기게 된다. 이때 혼합 탄성체라는 말은 인력의 상이한 법칙에 따라 운동하고 상이한 양으로 활성화된 상이한 물질, 상이한 형상을 가진 입자들의 체계를 뜻한다. 혼합 탄성체를 이루는 입자들은 모든 입자들이 공동으로 가

••

　　　것이다."(「탄성」, ENC, t. V, 445)

진 법칙에 따라 서로 긴밀히 이어져 결합되어 있다. 그래서 혼합 탄성체를 입자들의 상호작용을 통해 생성된 것으로 볼 수 있다. 화학 실험을 통해 여기에 결합된 한 물질을 구성하는 모든 입자들을 제거하여 복합 체계를 단순화거나, 새로운 물질을 도입하여 그 체계를 더욱 복잡한 것으로 만든다고 해보자. 뒤의 경우에 도입된 새로운 물질의 입자들은 그 체계의 입자들 사이에서 결합하여 전체 입자들의 공통된 법칙을 변화시키게 된다. 그렇게 되면 경도, 탄성, 압축성, 희박성[118] 및 복합 체계에서 상이한 방식으로 입자들이 배치될 때 발생하게 되는 다른 성질 변화들은 증가하거나 감소하거나 할 것이다. 경도도 탄성도 없다시피 한 납을 용융할 때, 달리 말해서 납을 구성하는 분사들의 복합 체계 사이에 용융된 납을 구성하는 공기, 불 등의 분자들로 구성된 어떤 다른 체계를 배치해본다면, 납의 경도는 더욱 감소하지만 탄성은 증가하게 된다.[119]

· ·

118. 희박성(rarescibilité). "물체들이 어떤 큰 장소를 점할 수 있게 하는 속성"(『리트레 사전』). 이 단어는 『백과사전』뿐 아니라, 18세기의 다른 사전에도 등재되어 있지 않지만, 특히 「화학」 항목에 여러 번 사용된 바 있다.

119. "입자들이 다양한 물질로 이루어지고, 다양한 모습을 띠고, 다양한 법칙에 따라 작용한다면, 무수히 많은 혼합 탄성체, 즉 입자들의 특징과 작용에 따라 둘 혹은 여럿의 체계로 구성된 체계가 나타날

6. 이런 생각들을 비슷한 무수히 많은 다른 현상들에 적용하고, 이로써 더욱 광범위한 논고를 써보는 일은 대단히 쉬운 일이겠다. 발견하기 가장 어려운 지점은 한 체계를 이루는 모든 부분들이 다른 체계를 이루는 부분들 사이에 결합할 때 앞의 체계의 부분들이 그렇게 배치된 다른 부분들을 그 체계로부터 떼어내면서 간혹 단순화되기도 하는데 그것은 어떤 메커니즘으로 이루어지는가 하는 점이다. 이는 몇몇 화학 실험에서 발견되는 현상이기도 하다. 다양한 법칙을 따르는 인력을 내세우는 것만으로는 이 현상을 설명하는 데 부족해보이고, 그렇다고 척력의 성질을 가정하기도 어렵다.[120] 다음처럼 척력을 가정하지 않고 설명해보자. 체계 B와

··

것이다. 이 복합체에서 하나 혹은 여럿의 체계를 제거하거나 새로운 체계를 추가한다면 물체의 본성은 변화하게 될 것이다. 그래서 납을 용융하게 되면, 다시 말해 납의 입자들 가운데에서 공기와 불의 분자로 이루어진 다른 체계와 조화를 이루게 되면, 납은 탄성력이 감소된다. 디드로 씨가 제시한 가설들의 상세한 설명은 인용된 작품(『자연의 해석에 대한 단상들』을 가리킴)에서 찾아볼 수 있다. 우리는 여기서 이를 간략히 설명하는 것으로 그쳤다."(달랑베르, 「탄성」, ENC, t. V, 445)

120. "척력(force répulsive)은 자연적인 물체들을 이루는 입자들 속에 존재하고, 어떤 환경에 놓일 때 서로 그들을 분리하게 만드는 어떤 힘이나 능력을 말한다. 뉴턴 씨는 관찰과 실험을 통해 물질에 인력이 존재한다고 주장한 뒤, 대수학에서 양수의 규모가 끝나는 곳에서 음수의 규모가 시작되듯이 자연학에서 인력이 끝나는 곳에서 척력이 시작

체계 C로 구성된 어떤 복합 체계 A가 있다고 가정해보자. B 체계와 C 체계의 분자들은 공통으로 가진 어떤 법칙에 따라 조직되어 있다. 복합 체계 A에 다른 체계 D를 들이면, 다음 두 가지 중 하나가 일어날 것이다. 체계 D를 구성하는 입자들은 충격을 동반하지 않고도 체계 A를 구성하는 입자들과 결합되어, 이 경우 체계 A는 체계 B, 체계 C, 체계 D의 구성이 되는 경우가 하나이고, 체계 D를 구성하는 입자들이 충격을 동반하면서 체계 A를 구성하는 입자들과 결합되는 경우가 다른 하나이다. 입자들에 충격이 가해져 첫 진동이 발생할 때 그 충격이 그 입자들 사이에 작용하고 있는 인력의 무한히 작은 범위를 넘어서지 않을 정도였다면, 첫 번째 순간에는 작은 진동들이 뒤섞이거나 무한히 늘어나게 될 것이다. 그러나 그 작은 진동들은 이내 더는 뒤섞이지 않게 되고 입자들이 서로 결합하여 이로부터 체계 B, 체계 C, 체계 D로 구성된 체계 A가 생길 것이다. 체계 B의 구성 부분들이나 체계

된다고 결론 내린다. […] 뉴턴은 탄성, 물체가 원래의 상태로 돌아가는 힘, 외부의 힘이 작용될 때 상실했던 형태를 되찾게 되는 속성을 모두 척력의 결과로 본다. […] 여기서 우리는 사실 이들 현상이 충분히 확증된 것 같지 않다는 의견을 지적하는 것으로 그칠까 한다. 대수학에서 양수가 음수가 된다고 인력이 '척력'이 된다는 주장은 물리적 추론이기보다는 수학적인 추론이다."(달랑베르, 「척력」, ENC, t. XIV, 160-161)

C의 구성 부분들이나 이 두 구성 부분들 모두에 결합이 시작되는 최초의 순간에 충격이 가해져 체계 D의 구성 부분들이 들어오면서 인력의 범위를 넘어서게 된다면, 이들 구성 부분은 체계를 이루는 결합에서 이탈하여 처음의 상태로 돌아갈 수 없게 되고, 체계 A는 체계 B와 체계 D, 혹은 체계 C와 체계 D로 구성되거나, 체계 D의 입자들의 결합만으로 이루어진 단순 체계가 되거나 할 것이다. 이들 현상이 일어날 때 여러 주변 상황들에 좌우될 텐데, 그 상황들이 위와 같은 생각에 대단한 신빙성을 더해줄 수도 있을 것이고, 완전히 '신빙성을 잃게 만들' 수도 있을 것이다. 게다가 나는 '탄성체에 충격이 가해질 때 생기는 미동'에서 출발해서 이러한 결론에 이르렀다. '결합'이 이루어지는 곳에 분리가 자동적으로 일어나지 않겠지만, '구성'이 이루어지는 곳에는 분리가 자동적으로 일어날 수 있다. 그러므로 '결합'은 이질적인 '전체'에서도 역시 여전히 '단일성'의 원리이다.

XXXVII

여섯 번째 가설. 자연을 보다 엄정하게 모방하고자 하지 않는다면 기술의 산물은 평범하고, 불완전하고, 무력해질 것이다. 자연은 완강하고 느리게 작동된다. 물리치고, 가까워지고, 결합하고, 분할하고, 무르게 하고, 압축하고, 강화하고,

액화하고, 녹이고, 소화하는 과정에서 자연은 우리로서는 전혀 지각할 수 없을 정도로 천천히 목표를 향해 나아간다. 이와는 반대로 기술은 서두르고 공연히 애만 쓰다가 태만해진다. 자연은 대강이나마 금속을 만드는 데 수천 년을 들이는데, 기술은 하룻밤에 완벽을 기해 금속을 만들어내고자 한다. 자연은 보석을 만드는 데 수천 년을 들이는데, 기술은 그런 보석쯤은 한 순간에 흉내 내어 만들 수 있단다. 실제로 그렇게 만들 수 있는 방법이 있대도 그것만으로는 어림도 없을 것이다. 그 방법을 적용할 줄 알아야 하기 때문이다. 적용 시간을 늘려 작업 강도를 높여 나온 산물이 동일하다고 결과도 동일할 것이라고 생각한다면 큰 오산이다. 어떤 적용이 이루어져 형태를 바꾸게 될 때 그것은 점진적이고, 느리고, 연속적으로 이루어지는 것이다. 그와 다른 방식의 적용은 어떤 것이라도 파괴적이게 마련이다. 자연의 방식과 유사한 방식을 써본들, 고작해야 불완전하기 짝이 없는 복합물을 구성하는 물질들을 섞어서 무얼 만들어낼 수 있겠는가? 그런데 서둘러 누려보고자 하고, 시작한 일의 끝이 어떻게 될까 알고 싶어들 한다. 그래서 수많은 시도들을 해보지만 아무런 득을 보지 못하고, 비용만 많이 들고 고생들만 하는 것이다. 자연은 수많은 작업을 해보라고 하지만 기술은 이를 시도도 해보려 들지 않는다. 도대체 성공할 수 있을지 아득해 보이기 때문이다. 누구라도

아르시의 동굴[121]에 들어가서, 그곳에서 종유석이 만들어지고

• •

121. 17세기 루이 14세 시대의 재상 콜베르가 그의 친구였던 자크 드 클뤼니(Jacques de Clugny)에게 부탁하여 1666년에 이 동굴을 상세히 검토하여 기술하도록 했는데, 디드로는 이를 기초로 하여 『백과사전』의 「아르시」 항목에서 아르시 동굴의 여러 장소들과 석회결석(종유석과 석순)을 상세히 묘사하고 있다. 디드로의 결론은 다음과 같다. "추가적으로 이 장소를 직접 방문해서, 이러한 경이를 가까이서 보고, 거기서 자연이 어떻게 작용했는지 추적하고, 수많은 실험을 해보아야 앞의 현상들을 설명할 수 있으리라 본다. 그러한 주의를 취할 수 없었기는 했지만 적어도 다음과 같은 점은 분명하다. 1° 아래를 향해 수직으로 뒤집혀진 피라미드와 같은 종유석들은 궁륭(穹隆)을 이루는 바위에서 방울방울 새어나오는 물방울들이 계속해서 떨어뜨리는 분자들로 형성되었다. 바위가 해면체로 되어 있고 물이 보다 쉽게 흐른다면 돌을 이루는 분자들은 땅으로 떨어져 수직의 피라미드를 형성하겠고, 이와는 반대로 물이 원활하게 흐르지 못해 바위 사이를 통과하기가 쉽지 않다면 충분한 시간을 두고 하나의 충위에 다른 충이 형성되어 밑변이 뒤집혀진 피라미드가 형성된다. 2° 아르시의 동굴에서 자연은 무엇 하나 다시 손대지 않는 것이 없기에, 그 동굴이 언젠가 단단히 굳어지고, 물은 계속 흐르면서 작은 기둥들을 늘려나가다가 결국 전체가 하나의 거대한 바위가 된다고 예측할 수 있다. 3° 어디에서든 동굴과 해면질의 바위가 있고, 그 꼭대기에 물이 괴어 있게 하면 동일한 현상을 만들어낼 수 있다. 4° 이 석회층 형성 과정, 즉 석질 돌출물을 변화시키고, 결정적인 형태를 부여하고, 자연이 엄청난 높이의 기둥을 만들고 수많은 다른 것을 만들게끔 할 수 있을지 모른다. 아직 시도해보지 않은 지금으로서는 불가능하게 보이는 결과들이지만, 내가 일어나리라 가정하는 것처럼 일단 그런 일들이 일어나면 더는 놀라움을 일으키지 않게 될 것이다. 이 일이 성사되는 데 한 가지 장애물밖에 없으나, 그 장애물은 엄청나다. 그것은 우리가 멜 수 없는 엄청난

보완되는 속도를 계산해보면 그 동굴이 언젠가 완전히 채워져 그저 엄청난 크기의 견고한 덩어리 하나가 되어버리리라는 것을 납득할 것이다. 자연사가라면 누구라도 이 현상을 깊이 생각해보면서 대지와 바위 사이로 물의 양을 조절해 조금씩 흘러가게 하여 너른 동굴 속에 방울방울 맺히도록[122] 했을 때 시간이 지나면 설화석고, 대리석, 그리고 어떤 지형, 물, 바위나에 따라 성질이 변화하게 될 다른 돌들을 인위적인 방식으로 만들 수 있으리라 가정할 것이다. 하지만 이런 계획을 세우더라도 용기, 인내심, 노동, 비용, 시간은 물론 무엇보다 위대한 사업을 존중하는 고대의 취향이 없다면 아무 소용이 없다. 수많은 기념물이 여전히 남아 있지만 우리는 그것을 열의 없이 바라보고 경탄은 해도 무엇 하나 끌어낼 줄 모른다.

• •

비용이 들고, 지겹도록 오래드는 시간이어서 우리는 해보려들지 않았다. 적은 비용으로 이런 경이로운 일들을 한 순간에 성취하고 싶어들 하지만 그런 일은 있을 수 없다."(ENC, t. I, 623)

122. 적하(滴下, stillation). "액체가 한 방울 한 방울씩 맺혀 떨어지는 것"(『리트레 사전』). 18세기의 사전에 등장하지 않는 단어이고, 『백과사전』에도 등재되지 않았다. 그러나 디드로는 「산탄(散彈, Dragée)」 항목에서 이 말을 사용했다. "납이 여과기를 통해 방울져 떨어지는 동안, 균일하고 일정하게 떨어지는지, 흐르지 않은 곳은 없는지 주의를 기울여 조사해야 한다. 균일하게 맺혀 떨어지지 않는다면(l'inéga lité dans la stillation) 국자로 솥을 눌러보고, 여과기에 눌려진 거품들 잘 펴도록 한다."(ENC, t. V, 101)

XXXVIII

일곱 번째 가설.[123] 프랑스산(産) 철을 개량해 영국산과 독일

123. 일곱 번째 가설 부분은 1754년에 추가된 것이다. 1753년의 일곱
번째 몽상 텍스트가 상당히 수정되어 다섯 번째 가설의 자리에 들어
갔다. 다음이 1753년판의 38절 텍스트이다. "일곱 번째 몽상. 현악기
의 현 하나를 팽팽하게 하고, 현 사이에 장애물을 살짝 배치하여
이를 균등하지 않은 두 부분으로 나누어 보는데, 이때 현의 한 부분에
서 일어난 진동이 다른 부분으로 전달되는 데 문제가 없어야 한다.
그러면 이 장애물이 현의 두 부분 중 더 긴 쪽을 여러 개의 진동하는
부분들로 분할한다는 사실이 잘 알려져 있다. 현의 두 부분은 같은
음을 내게 되고, 현의 두 부분 중 더 긴 쪽에서 진동하는 부분들은
두 개의 고정점 사이에 들어 있다. 진동체를 공명하게 만드는 원인은
현의 더 긴 부분이 분할되기 때문이 아니라, 현의 균등하지 않은
두 부분이 같은 음을 내기 때문이다. 그러므로 이러한 같은 음은
분할의 원인이 아니라, 한 결과일 뿐이다. 이제 나는 현악기 대신
금속 막대와 그 길이에 비례하여 움직이는 장애물을 취해보는데,
이때 장애물은 금속 막대를 균등하지 않은 두 부분으로 나누게 되고,
우리가 그 중 짧은 쪽을 강하게 타격해본다면 그 위에 배와 매듭이
형성될 것이라고 본다. 이는 음의 발생 유무와는 무관하게 모든
탄성체에서 동일하게 나타나는 현상이고, 배의 진폭은 탄성에 비례
하고, 진동하는 현에서 발생한다고 보는 이 현상은 타악기에서도
더 강하거나 더 약한 방식으로 동일하게 일어나고, 이 현상은 여전히
운동이 전달되는 일반법칙을 따르고, 물체에 타격이 가해질 때 그
물체에는 무한히 작은 진동하는 부분들과, 무한히 인접한 매듭 혹은
고정점이 존재하고, 그 결과 미동과 모든 다른 종류의 날카롭고,
동요를 일으키고, 활기에 넘치는 움직임이 나타난다. 우리는 그런
움직임을 팔다리에서 자주 느끼고, 손으로 만져보면 그 움직임이

산에 버금갈 정도로 만들어 보고 그것으로 섬세한 제작물을

다른 물체 속에서 나타난다는 것을 알 수 있는데, 국지적인 병진이
이루어질 때도 있고, 이러한 병진이 중단된 후에 나타날 수도 있다.
사실 이러한 기이한 작용은 접촉이 이루어진 표면 전체에서 시작하
여 접촉이 이루어지는 민감함 표면 전체로 전해지는 것이 아니라,
접촉이 이루어진 표면에 무한히 분포되어 있는 점들이 무수히 많은
부동점들 사이에서 막연히 진동하게 되면서 이루어진다. 탄성체가
연속적으로 이어져 있는 경우에 전체에 분포되어 있는 불활성의
힘이 어떤 것이 됐든 다른 점과 관련해서 한 점에서 작은 장애물의
기능을 하는 것이라면, 어떤 물체에 충격이 가해졌을 때 그 충격으로
인해 이동하거나 이동하지 않을 수도 있는데 그때 이 물체는 두
부분으로 나뉘어 상당수의 분자를 가진 한 부분은 부동하지만 다른
부분은 그렇지 않고, 더 오래 지속되거나 덜 오래 지속되고, 더 강하
거나 덜 강한 미동이 어디에서나 존재하게 된다. 그런데 이 움직임은
이 물체들 속에 실제로 존재한다. 한 진동현의 배와 매듭에서 많은
수가 존재한내도 길으로 보기에는 적은 수로밖에 보이지 않곤 한다.
그 진동현에서 튕겨진 부분이 작기 때문에 매듭 혹은 부동점의 수는
그만큼 더 수가 많다. 무한히 작은 부분을 튕겼고, 그 부분의 무한히
작은 배들과 그것에 무한히 인접한 매듭들을 가정해본다면, 한 방향
을 따라 진행하면서, 다시 말하자면 한 선 위를 따라 이동하는 미동을
얻을 것이다. 어떤 충격이든, 어떤 방식으로 움직였든 크기가 대체로
균등한 고체에서 그 미동은 사방으로 작동한다. 이로부터 충격 후에
이동을 했든 이동하지 않았든 모든 물체에서 물질량은 동일하다는
결과를 끌어낼 수 있을까? 가해진 충격의 힘도, 물질의 밀도도, 부분
들의 응집력도, 비슷한 다른 어떤 원인으로도 물질량은 일정하고
변동할 수 없을 것이기 때문이다.

진동현에서 다양하게 작용하는 무한히 많은 주변 환경들이 있다.
배의 진폭, 진동 속도, 소리의 크기 등이 그것이다. 그러나 이동이
가능한 장애물이 차단하는 부분의 길이가 일단 주어지면, 어떤 원인

만드는 데 사용해보고자 숱한 노력을 기울여보았지만 아무 소득이 없었다.[124] 그들이 어떤 방법들을 사용했는지는 모르

· ·

도 부동점의 수를 늘릴 수는 없다. 그러므로 기하학자가 진동현의 계산을 각기둥, 구, 원기둥으로 확장하기만 하면 충격이 가해진 물체에서 운동이 분포되는 일반법칙을 발견할 수 있었다. 그 법칙이 현재까지 전혀 연구되지 않은 까닭은 누구도 이 현상이 존재한다고 생각해보지도 않았고 반대로 운동이 전체에 단일한 방식으로 배치된다고 가정했기 때문이다. 그렇지만 미동의 존재는 부동점들 사이에 진동하는 점들이 실제로 분포되어 있다는 점을 촉각을 통해 알려주고 있는 것이다.

바라건대 이 몽상을 위해서 앞에 썼던 몽상들을 용서해주시기 바란다. 나는 이 몽상이 대단히 새롭고 계산 가능하기까지 하다고 본다."

124. 디드로는 『백과사전』의 「강철」 항목을 썼는데, 그는 이 항목에서 레오뮈르가 과학아카데미에서 발표한 논문들을 모아 펴낸 저작(『벼려진 철을 강철로 만드는 기술(*L'Art de convertir le fer forgé en acier*)』, 1722)을 참조하고 있다. 하지만 디드로는 장인들을 직접 방문해 참조했음을 기억해야 한다. "그런데 좋은 강철은 그것을 사용할 줄 아는 노동자의 손에 들어가기만 한다면 어떤 종류의 제품에도 적합하다. 영국산 강철로 만들고 싶은 것을 다 만든다. 앞에서 내가 강철의 특성에 대한 이야기를 옮겼던 장인(앞에서 말한 칼붙이 장인 푸코(Foucou) 씨)은 이렇게 덧붙였다. "프랑스 왕국에 철이 풍부하고 능숙한 노동자들이 그렇게 많은데 아직도 좋은 강철을 만들지 못한다는 것은 정말 놀라운 일입니다." 나는 자원과 광산이 문제가 아니라 오히려 공장을 운영하는 사람들의 지적인 결함이 문제라고 생각한다. 프랑스는 연간 삼백만 프랑을 써서 강철을 수입한다. 이 주제는 프랑스의 철을 더욱 세심히 테스트해보고, 그것으로 자연적인 강철이든 인공적인 강철이든 얻어서 외국에서 철을 구매하지 않아

겠다. 그렇지만 그들이 저 놀라운 발견을 하게 된 것은 노동자들의 제철 공장에서 흔하디흔하게 사용되던 조작법에 완전을 기하고 그것을 반복해서 모방한 결과였던 것 같다. 이 조작법을 '침탄상자 담금질trempe en paquet'이라고 부른다. 이 방법은 대단히 단단한 숯검정을 가져다 빻은 뒤 오줌을 타고, 여기에 마늘 찧은 것과 보통 소금과 잘게 찢은 헌 신발[125]을 첨가한다. 철로 만든 상자를 준비하고, 상자의 바닥에 이렇게 혼합된 것을 한 층 올린다. 여기에 철 제조물을 조각조각 층으로 쌓는다. 그리고 이 위에 앞서 혼합된 것을 다시 올리고, 이런 식으로 상자가 채워질 때까지 계속한 뒤, 뚜껑을 덮고, 상자 바깥에 잘 다져진 기름진 흙, 털 뭉치, 말똥을 혼합해서 바른 뒤, 숯 너미 속에 올리는데 이때 숯의 양은 상자의 크기에 따라 달라진다. 그 다음에 숯에 불을 놓고, 불을 지피고, 불의

· ·

도 되게끔 하는 것보다 더 많은 관심을 기울여볼 가치가 있다. 하지만 이를 제대로 검토해보려면 소수의 화학자들과 체계를 갖는 명상가들로는 부족하다. 노동자들이 필요하고, 철이 얻어지기 전의 광산과 제련소에서 나온 철에 대한 실험적인 수많은 지식을 갖춘 사람들이 필요하다. 자동인형처럼 기계적으로 일을 했던 사람이 아니라 이삼십 년을 손에 망치를 들고 제철소에서 작업했던 지적인 사람들이 필요하다. 하지만 그런 사람들을 고용할 만큼 그들을 존중하지는 않는다. 그런 사람들은 참으로 드물지만, 우리가 무언가 확실한 발견을 기대할 수 있는 유일한 사람들이다."(ENC t. I, 107)

125. "아주 닳은 낡은 신발"(『트레부 사전』).

세기가 일정하도록 관리한다. 차가운 물이 담긴 용기를 준비하고, 상자에 불을 붙이고 서너 시간이 지나면 불에서 끄집어낸다. 상자를 열고, 상자에 들어 있던 철 조각들을 찬 물에 담그고 그 조각들이 차례로 떨어져 나오도록 물을 잘 저어준다. 그러면 이 조각들은 침탄상자 담금질이 된 것이다. 그 조각 몇 개를 깨보면 두께가 얇은 대단히 단단하고 고운 강철로 바뀌었음을 알게 된다. 그 표면은 줄질을 가한 것 이상으로 반짝반짝 광택이 나고 형태가 더욱 잘 보존된다.[126] 철을 정선하고 세공하고 금속판이나 대단히 작은 금속 막대처럼 얇은

● ●

126. 『백과사전』의 화학 항목을 맡아 썼던 가브리엘 프랑수아 브넬은 「침탄(浸炭, Cémentation)」 항목에서 이 신기한 작업 원리를 설명한다. "침탄상자 담금질은 병기제조인, 날붙이제조인, 기타 다른 노동자들이 화기(火器) 받침대, 칼날, 질 좋은 갑옷, 낫, 줄, 강철 버클 등과 같은 강철의 날이나 어떤 제작물의 표면층을 다소 강화하고 변환하게 만드는 조작으로, 침탄법의 일종이다. [⋯]

금과 은을 만들기 위한 침탄재(浸炭材)는 먼저 초석(硝石), 중성바닷소금, 보통 소금, 돌소금, 염화암모니아, 승홍(昇汞), 식물성 산(酸)을 포함하는 염성(鹽性) 물질, 녹청(綠靑)이고, 그 다음에는 고열로 태운 황산염, 진흙, 벽돌 가루나 분말 등이다.

첫 번째 침탄재 중 하나 혹은 여럿을 취하고, 적절한 비율로 두 번째 침탄재 중 몇몇을 취한다. 예를 들면, 구운 바다소금 1온스, 벽돌 가루 1/2 온스, 붉은 빛이 도는 승홍 1온스를 취하거나, 초석, 염화암모니아, 녹청, 아르메니아 진흙, 벽돌 가루를 같은 분량으로 취한다. 모든 재료를 말린 뒤 분쇄해서 정확히 섞는다. 특히 고대 사람들은 여기에 오줌을 바르기도 했다."(ENC, t. II, 811)

판으로 만들어 이를 '층 위에 층을 쌓아'[127] 침탄상자 담금질에서 사용되는 물질과 불의 작용에 노출한 뒤, 다음이 본 작업에 특유한 것인데, 제강로製鋼爐에서 나오자마자 물줄기를 만나게 하면 그것이 강철로 변한다고 추측할 수 있지 않을까? 이러한 기본적인 경험을 오랫동안 철을 다루고 철의 특성이 무엇인지 잘 알고 철의 결함을 개선하는 데 익숙한 사람들에게 세심히 알려준다면 그들은 틀림없이 공정을 단순화하고 본 작업에 보다 적합한 재료를 찾아낼 것이다.

XXXIX

일반인을 위해 개설된 실험물리학 강좌의 내용만 듣고도 철학적 흥분 같은 것이 충분히 느껴질까? 전혀 아니라고 본다. 실험물리학을 강의하는 프랑스 강사들은 식탁에 많은 사람들이 앉아 있었으니 대단한 식사를 제공했다고 생각하는 사람과 같은 데가 있다. 우선은 식욕부터 자극하도록 노력해야 하지 않겠는가? 그래야 많은 사람들이 식욕과 같은 지식욕을 채워보고자 하면서 문하생의 지위에서 아마추어의 지

· ·

127. '층위에 층을 쌓아(stratum super stratum)'. 침탄상자 담금질이 그 과정을 겪는 대상들의 표층을 강철로 변환하는 것이라면, 대단히 섬세한 대상을 똑같은 방식으로 다뤄본다면, 완전히 강철로 변환될 수 있을 것이다.

위로, 아마추어의 지위에서 직업 철학자의 지위로 나아가게
된다. 일반인과 전혀 동떨어져 소수의 전유물로 남는다면
학문의 진보는 가로막히게 되는 것이다! 사정이 어떻고 방법
이 어떤지 보여주어야 한다.[128] 나는 미적분 계산 방법을 처음
으로 발견했던 사람들이 위대하다고 생각하지만 그 방법을
비밀로 했던 점에서는 그들을 형편없다고 생각하는 것이다!
뉴턴이 자신에게 영광이 되고 진리가 가져올 이득을 고려해
서 이를 신속히 공포했었다면, 라이프니츠가 누가 미적분
계산법을 창안했는지 그와 다툴 수 있었겠는가.[129] 라이프니

• •

128. 디드로는 비법을 숨겨 과학과 기술 지식의 보급을 막는 행동을 엄격
    히 비난했다. 『백과사전』의 「기술」 항목에서 그는 "유용한 비법을
    감춰두고 공개하지 않는 일은 스스로 반사회적인 좀도둑이 되는
    일"(ENC, t. I, 717)이라고 말했다.

129. 디드로는 이 부분에서 라이프니츠와 뉴턴 중 누가 미분방정식을
    발명했는가 하는 논쟁을 언급한다. 달랑베르도 『백과사전』의 「미분
    (Différentiel)」 항목에서 이 논쟁을 요약했다.
        라이프니츠는 1684년에 미분계산법의 방법을 출판했고, 자신이
    발견한 것을 숨기곤 했던 뉴턴은 이를 1687년의 『프린키피아』에서
    공개했다. 그렇기는 했지만 뉴턴은 이미 1672년부터 이를 공개한
    적이 있기는 했다. 달랑베르의 결론처럼 두 개의 발견이 동시에
    발견되었던 것 같다. "발견의 영광을 뉴턴에게 돌릴 수 없다 해도
    라이프니츠에게 그 영광을 뺏을 증거도 없다." 디드로가 「라이프니
    츠주의(Leibnitzianisme)」 항목에서 내린 결론도 같은 의미이다. "라
    이프니츠가 수학자 집안인 베르누이 가(家)의 요청을 받아들여 자신
    의 발견에 대해 했던 이야기가 어떤 것이든, 분명한 것은 1671년에

츠가 도구를 생각해냈다면, 뉴턴은 이를 기가 막히게 적용하여 식자들을 깜짝 놀라게 하는 데 만족해했다. 수학에서든, 물리학에서든, 가장 확실히 해두어야 할 일은 대중에게 자기명의를 주장하면서 소유권부터 획득하는 것이다. 더욱이 내가 방법을 좀 밝혀달라고 한다면 성공에 이르게 된 방법에 대해 알려달라는 말이다. 성공에 이르지 못했던 사람들에 대해서도 지나치게 간략하게 넘어갈 수는 없다.

XL

비밀을 그저 밝히는 것만으로는 충분하지 않고 그것을 완전하고 명확하게 밝혀야 한다. 규명해야 할 비밀이 하나 있는데 '위대한 대가들이 보여주는 가식假飾'이 그것이리라. 그것은 베일 같은 것으로 대가들은 민중과 자연 사이에 그런 베일을 즐겨 쳐두곤 한다. 저명한 인물들을 당연히 존경해야 마땅할 테지만 그런 마음을 접어두고 나는 슈탈의 몇몇 작품[130]과

• •

출판된 추상화된 운동에 대한 라이프니츠의 논고를 보면 그가 다양한 방식의 무한소를 알고 있었고, 미분계산법은 1684년에 출판되었던 반면, 뉴턴의 『프린키피아』는 1687년에 출판되었고 그는 이보다앞서 자신의 발견을 주장하지 않았다는 점이다."

130. 게오르크 에른스트 슈탈(Georg Ernst Sthal, 1660-1734)은 독일의 의사이자 화학자이다. 요한 요아킴 베허(Johann Joachim Becher, 1635-1682)의 제자로 자신의 『베허의 모범(*Specimen Becherianum*)』에서

뉴턴의 『수학적 원리』에 두루 보이는 모호함이 그런 베일과

스승이었던 베허의 이론을 출판했다. 브넬은 『백과사전』의 「화학」
항목에서 슈탈의 저작의 모호성에 대해 다음과 같이 썼다. "슈탈의
문체는 엄격하고 밀도가 높고 어려운 것이었고, 적어도 그의 라틴어
는 세련되지 않기로는 현대 작가 이상이었다. 더욱이 추상적이고
특히 심오한 생각이 드러나 있는 주제를 난해한 문체로 써서 그를
비판하는 아마추어들도 있었고, 그 난해함이 화학에 대단히 이득이
된다고 생각했던 사람도 있었는데, 이 뒤의 사람들은 화학이 문외한
들에게 세속어나 학문의 일반적인 어조를 취해(그들은 이 둘을 같은
것으로 보았다) 비밀을 싸구려로 팔아 넘겼다고 생각하며 탄식했다.
[…] 그들은 보다 철학적으로 학문을 모든 독자와 모든 문인들이
이해할 수 있을 정도로 명확하게 질서와 관계를 부여할 때 학문의
진보에 해가 되며, 이를 출판할 때 얻게 되는 장점은 이렇게 검토도
이루어지지 않은 채 받아들여진 의견 하나에 따라서 권장될 뿐이어
서, 이런 의견들이 너무 깊이 뿌리박혀 있기 때문에 반대 의견은
부조리하다는 모욕을 받게 된다. 이러한 부조리는 특히 화학의 경우
에 적용할 때 실제로 존재한다. 신문기사나 소설을 쓰는 사람들,
시인들, 작가들이 뉴턴 등의 이름으로 자신을 미화하는 것처럼 슈탈
의 이름으로 그들의 작품을 장식할 정도로 화학이 잘 알려지게 되고,
화학이 유행이 되면 대수롭지 않게 되고 상세해지고 재치 있고 우아
하게 되는 것으로 그치고 말 것이다. 그때 화학자들이 만족시켜야
할 사람들은 전문가가 아니라 대중이고, 대중의 마음에 들고자 할
것이다. 이와 마찬가지로, 저자의 가치는 대중이 결정할 것이고,
형편없는 자가 학문의 왕좌를 차지할 것이다. 우리는 슈탈의 저작이
난해하다는 것을 알고 그 점에 동의하지만 그가 난해하게 글을 쓰는
것이 비난받을 일이 아니라면 누구도 슈탈이 난해하다고 비난할
수 없고, *Specimen Becherianum, Zimotechnie, Trecenta*과 같은 심오한
그의 저작들 중 학문이 발달한 나라에서 그 책을 읽은 사람이 고작해
야 대여섯 명에 불과하리라는 점을 더욱 자신 있게 확신할 수 있

같다고 말하고 싶다. 이 저작들이 어떤 가치를 갖췄는지 이해가 되어야만 높은 평가를 받게 될 것이다. 그 저작들의 저자들은 한 달만 노력했어도 그 저작의 내용을 분명하게 설명할 수 있었을 것이다. 그러니까 그 한 달의 노력만으로 수많은 재사들이 기울여야 했던 공부와 노고를 절약해줬을 것이다. 이렇게 다른 일로 삼천 년이 흘러가 버렸다. 철학을 대중이 이해할 수 있도록 만드는 일이 시급하다. 철학이 성큼성큼 앞서가기를 바란다면 민중이 철학자들의 현 상태에 이르도록 해야 한다. 보통 사람들 누구나 가진 정신의 능력을 훌쩍 벗어나는 작품들도 있지 않느냐고들 할 텐가? 그런 말들을 하는 사람들은 올바른 방법론을 취하고 오랫동안 손이 익었을 때 어떤 일을 성취할 수 있는지 모르고 있다는 점을 스스로 보여주는 이들이다.

여기서 내가 자화자찬하고 있다고 비난들을 할지 모르겠지만, 몇몇 저자들은 자신의 저작을 난해하게 써도 상관없었던 것이라면 나는 그들은 엄밀히 말해서 형이상학자들일 뿐이라고 말하련다. 위대한 추상화抽象化의 이면에 한 줄기 어두운 빛이 들어 있다. 일반화를 하게 되면 개념들에 포함된 감각적인 것이 전부 사라져 버리게 된다. 일반화가 진전될수

• •

　　다."(ENC t. III, 436-437)

록 신체의 감각에서 비롯하는 환상은 사라지고 개념은 상상력을 벗어나 이해력을 향하게 되고, 관념은 순수하게 지성적이게 된다. 그때 사변 철학자는 구름에 가려 정상이 보이지 않는 저 산 꼭대기에서 아래를 바라보는 사람과 닮았다. 그의 눈앞에 평원平原의 대상은 더는 보이지 않는다. 그는 오직 사유의 풍경과, 그가 높이 올랐던 고지高地의 의식만을 바라볼 뿐이다. 하지만 모든 사람이 그를 따라 그곳에 올라 호흡할 수는 없는 것 같다.

XLI

자연은 자신을 둘러싼 베일에 신비의 베일을 더해 두 겹으로 싸지 않아도 좋을 만큼 충분히 베일로 둘러싸여 있지 않던가? 기술의 어려움도 정말 그렇지 않던가? 벤자민 프랭클린의 저작[131]을 펼쳐보고 화학자들의 저작을 넘겨보라. 실험 기술에 얼마나 안목, 상상력, 통찰력, 여러 방편들이 필요한지 알게 될 것이다. 그 저작들을 주의 깊게 읽으시라. 한 실험이 얼마나 많은 방식으로 이리 뒤집히고 저리 뒤집히는지 배울

• •

131. 앞에서 언급했던 벤자민 프랭클린의 『미국 필라델피아에서 벤자민 프랭클린이 수행했던 실험과 관찰(Experiments and Observations on Electricity Made at Philadelphia)』(런던, 1751, 달리바르 번역, 1752)을 말한다.

수 있는 곳이 바로 그곳이기 때문이다. 여러분이 천재성이 부족해서 기술적인 방편을 필요로 하고 그것을 따르고자 한다면, 지금까지 물질에 존재한다고 알려진 모든 특성들을 표로 만들어 눈앞에 두고, 여러분이 실험하고자 하는 물질에 부합할 수 있는 특성들을 그 표에서 찾아보시고, 그 특성들을 그 표에서 찾을 수 있으리라 굳게 믿고, 다음에는 그것의 양量은 얼마나 되는지 알도록 노력하시라. 양은 항상 어떤 도구를 이용해서 측정하게 될 텐데, 그 도구는 실체를 유사한 한 부분에 일괄적으로 중단 없이 남김없이 적용하여 그 어떤 특성도 완전히 제거할 수 있어야 할 것이다.[132] 존재를 확증하려면 머리에 절로 떠오르는 방법을 사용해서는 아니 될 것이다. 어떻게 찾아 나서야 할지 배우지 않았다 해도 적어도 무엇을 찾아 나서려고 하는지 아는 것만으로도 벌써 대단한 것이다. 더욱이 그 무엇을 발견하기란 불가능하다는 점을 깊이 느꼈거나, 타인이 발견한 것을 몰래 선망의 눈으로 쳐다보면서, 스스로 창조적이지 못하다고 생각하고, 저도 모르게 아쉬운 마음이 들고, 자기가 뭐라도 발견을 했다는 영예를 누리고자 별 볼일 없는 조작법이나마 써보고자 하겠다는 점을 인정하지 않을 수 없는 사람들이라면 그들이 연구하는

. .

132. 고갈(Exhaution). "씨를 말리는 행위"(『리트레 사전』).

학문에도 전혀 도움이 되지 않고 그들 자신에게도 영광이
되지 않을 테니 차라리 학문을 포기하는 편이 나을 것이다.

XLII

실험을 통해 증명되어야 하는 체계 하나를 머릿속에 그려
보았다면 그 체계에 집요하게 달라붙어서도 안 되고, 가벼이
포기해서도 안 된다. 가설이 참임을 증명하는 데 적절한 수단
을 찾지 못하면 간혹 그 가설을 거짓이라고 생각한다. 그때는
집요한 태도보다는 그것과 상반된 태도를 취하는 것에 위험
이 더 크다. 무언가 찾고자 하지만 그것에 이르지 못할 때
시도의 횟수를 늘리면 훨씬 더 잘 이르게 될 수도 있다. 자연을
탐색하는 데 들이는 시간은 결코 버리는 시간이 아니다. 어떤
정도로 유추를 사용하느냐에 따라 자연의 정합성을 따져야
한다.[133] 정말이지 기이하기 짝이 없는 관념들이라도 첫 번째
시도에는 가치를 갖는다. 개연성을 갖는 관념에 무언가를
더 추가해야 하고, 남김없이 모두 추가해본 다음에야 그래도
어떤 중요한 발견을 할 수 있지 않을까 하는 생각을 접어야
한다. 그 점에 대해서는 원칙이라는 것이 필요 없다시피 한

· ·
133. 유추의 방법을 사용해서 실험을 계속해야 한다는 의미. 유추는 개연
성을 특징으로 갖거나, 소원한 관계를 가질 수도 있는데 이를 통해
가설을 세우게 된다.

것 같다. 흥미를 갖게 됨에 따라 자연스럽게 연구에 전념하기 마련이기 때문이다.

XLIII

문제가 되는 체계들의 기초가 그저 모호한 관념, 가벼운 의혹, 거짓된 유추만을 따르고, 여기에 더해, 이렇게 말해야 할 텐데, 뜨겁게 달아오른 정신이 쉽사리 통찰력이라고 착각하는 환상을 따를 뿐일지라도, '전복inversion'[134] 시켜보기 전에 그것을 버려서는 안 된다. 순전히 합리주의에 기초한 철학에서는 진리를 오류와 극단적으로 대립시키곤 했다. 실험철학에서도 이와 같아서 진리란 시도해보면 얻게 될 경험이 아니라, 우리가 기대했던 현상을 산출하게 되는 그것과는 정반대의 경험일 것이다. 특히 완전히 상반된 두 점에서 출발해서 관찰해야 한다. 그래서 우리가 두 번째 몽상[135] 에서 했듯이

- -

134. 베이컨은 『학문의 진보』에서 방법론을 규정하면서 변이, 유예, 전용 (轉用), 역전(逆轉), 적용, 강제, 우연의 원칙을 제시한다. 디드로가 분석하고 있는 역전의 기준은 전복과 유사하다. "어떤 사실이 실험에 의해 확증되어 그 반대의 증거 자료를 찾게 될 때 실험의 전복이 이루어진다. 예를 들면 거울은 열의 강도를 증가시키지만 그것이 냉기의 강도 역시 증가시키는가? […] 햇빛은 흰색에 반사되고 분산되지만 반대로 검은색에서는 모인다. 마찬가지로 그림자는 검은 물체에서는 분산되지만 흰 물체에서는 모인다."

135. 디드로는 1753년의 텍스트에서 가설 대신 "몽상"이라고 썼는데 여

전기적 성질을 띠는 구의 극지방을 노출하고 적도를 싸고 난 뒤에는, 극지방을 싸고 적도를 노출해야 할 것이다. 실험에 쓰인 천체와 그것이 나타내는 자연에 존재하는 천체를 최대한 가장 똑같이 만드는 것이 중요하므로 극지방을 싸야 할 물질을 아무것으로나 선택해서는 안 될 것이다. 유체流體의 더미로 싸야 할지도 모르겠다. 그렇게 극지방을 싸는 일이 불가능한 일은 아니고, 그렇게 실험할 때 재현하고자 하는 현상과는 아주 다른 어떤 특별한 새로운 현상을 얻을 수도 있다.

XLIV

실험을 여러 차례 반복해야 주변적인 세부 상황을 확보하고 한계는 어떤 것인지 깨달을 수 있다. 그 실험들을 다양한 대상에 적용해보고, 복잡하게 만들고, 가능한 모든 방식으로 결합해야 한다. 이 실험을 해보다가 또 저 실험을 해보고, 각각의 실험은 연결되지 않은 채 남아, 이어지는 일도 없고, 환원불가능하게 남아 있는 만큼, 그 환원불가능성[136] 자체가

··

기에서 부주의하게 '가설'이라는 말로 바꾸는 것을 잊었다.

136. 환원불가능성(irréduction). 이 단어는 18세기의 사전에 등재되지 않았다. 어떤 실험이나 관찰을 위해 다른 실험이나 물질의 보다 일반적이고 보다 기초적인 속성에 관련짓지 않은 사실을 의미한다.

아직도 해야 할 실험이 남았음을 증명해준다. 그러므로 오로지 대상에 집중하고 그것을 고문해야 한다. 말하자면 현상들을 서로 긴밀히 연결하여 한 가지 현상이 주어지면 다른 모든 현상들이 그것과 연결될 때까지 계속해 나가야 한다. 우선은 결과들의 수를 줄여보고, 그 다음에는 원인들의 수를 줄일 생각을 해보자. 그런데 결과들의 수가 늘어남에 따라 그것은 축소될 것이다. 하나의 원인으로 그것으로부터 비롯할 수 있는 모든 것을 설명하기 위해 사용하는 방법 가운데, 앞으로 나타날 어떤 새로운 현상을 예상할 수 있는 방법과 그저 겉모습만 바뀐 현상만을 산출할 뿐인 방법을 구분하는 것이야말로 가장 대단한 기술이다. 이렇게 겉모습만 바뀐 것을 끝도 없이 연구하는 것은 대단히 피곤한 일일 뿐 아니라 아무런 진전도 보지 못하게 된다. 법칙을 확장해서 어떤 새로운 경우에 적용하지 않고, 어떤 예외를 두어 제한하지 않는 실험은 그것이 어떤 것이든 아무 의미가 없다. 자기가 시도하는 일이 가치 있는 것인지 알아보는 가장 간편한 방법은 그것으로 생략삼단논법[137]의 전건前件을 만들어보고 후건後件을 검토해

---

137. 생략삼단논법(Enthymème). "논리학 용어로 삼단논법을 두 개의 명제로 축소한 것이다. 첫 번째 명제는 전건(추론명제의 조건부분), 두 번째는 후건이라고 부른다. 데카르트의 유명한 명제, 나는 생각한다, 그러므로 존재한다가 이 경우이다."(『리트레 사전』)

보는 것이다. 그때 후건은 우리가 이미 다른 시도를 통해 이끌어내었던 것과 정확히 동일한가? 그때 우리가 발견한 것은 아무것도 없고 고작해야 한 가지 발견이 있었음을 확인해보았을 뿐이다. 실험물리학의 두꺼운 책들 중 이 단순한 규칙을 극히 적은 수의 페이지로 축소해 놓은 것은 없다시피 하지만, 그 규칙을 무너뜨리게 될 소책자들은 무수히 많다.

XLV

수학에서 곡선의 모든 속성을 검토하면서 그것이 동일한 속성을 다양한 모습으로 나타낸 것에 불과하다는 것을 발견했던 것과 마찬가지로, 실험물리학이 보다 진전을 보게 되면, 중력, 탄성, 인력, 자성磁性, 전기 같은 자연의 모든 현상들이 동일한 끌림affection 현상이 다양한 모습을 띠고 나타난 것임을 알게 될 것이다. 그런데 중력, 탄성, 인력, 자성, 전기와 같은 원인 중 하나와 관련된다고 보는 알려진 모든 현상들 가운데, 연관관계를 형성하고, 공백을 메우고, 동일성을 증명하기 위해 찾아야 하는 중간적인 매개현상들은 얼마나 많을까? 그것이 얼마나 많은지 확정도 할 수 없는 것이다. 중심이 되는 어떤 현상이 있어서, 우리가 알고 있는 현상들뿐 아니라, 앞으로 시간이 지남에 따라 발견되어 그 현상들을 서로 이어주면서 하나의 체계를 형성할 수 있게 해줄 모든 현상들을 환히 밝혀줄 수도 있을지 모르겠다. 그러나 모두가 공유하는 관계의 중심이 없기 때문에 이들 현상은 고립된 상태에 있으나, 실험물리학에서 이루어지는 모든 발견들은 이렇게 고립된 현상들을 하나로 결합시켜주지는 못하지만 그 현상들 사이사이에 개입하여 그것들의 거리를 계속 좁혀줄 것이다. 결국 이들 발견이 하나로 결합된다면 현상들은 연속된 원을 형성하여 그 가운데 어떤 것이 처음이고 어떤 것이 마지막인지 구분할 수 없게 될 것이다. 실험물리학이 엄청난 연구 끝에 합리주의 물리학이 길을 잃고 헤매며 한없이 돌고 도는 미로를 만들어 버렸던 저 특이한 경우가 수학에서 그랬지만 자연에서도 불가능한 일은 아니다. 수학에서는 항상 종합의 방법을 통해서든, 분석의 방법을 통해서든 곡선의 근본적인 속성과 가장 소원疏遠한 속성을 구분하는 매개적인 명제를 발견한다.

XLVI

눈속임을 일으키는 현상들이 있어, 그것에 처음 눈길을 돌려보았을 때는 한 체계를 뒤집어 버리는 것 같아 보이지만 잘 알려지게 되면 오히려 그 체계를 확정하는 것으로 귀결하곤 한다. 철학자는 특히 자연이 어떤 특별하고 비밀스러운 메커니즘을 사용하여 그가 어떤 추측도 하지 못하게 하는 것이 아닌가, 그를 압도하는 것이 아닌가 하는 예감이 들 때 이들 현상을 형벌처럼 느끼게 된다. 상호 이어지거나 대립하는 여러 원인들로 한 현상이 나타날 때마다 이런 난처한 경우를 마주하게 될 것이다. 원인들이 상호 이어지는 경우라면 그때 현상은 우리가 세워볼 가설에 비해 양적으로 턱없이 클 것이고, 이와는 반대로 원인들이 대립하는 경우라면 양적으로 턱없이 작다는 점을 알 수 있을 것이다. 양적으로 전혀 고려될 수 없는 경우라면 자연이 변덕스럽게 침묵을 지키는 이유가 무엇인지 알지도 못한 채 그 현상은 그만 사라져버리게 될 것이다. 그렇게 된다면 이유가 무엇인지 의심이나 해보겠는가? 더는 앞으로 나아갈 수 없게 된다. 원인들을 구별하는 데 힘쓰고, 그 원인들이 작용하면서 생기게 되는 결과를 분석하고, 너무나 복잡한 현상을 단순한 현상으로 축소하거나, 적어도 어떤 새로운 실험을 통해 원인들이 상호 이어지거나 대립함으로써 복잡하게 얽혀 있음을 드러내야 한다. 이러한 조작은 미묘한 것일 때가 많고 간혹 불가능할 때도 있다. 그러면 체계가 흔들리고, 철학자들은 의견이 갈려, 어떤 이들은 여전히 그 체계에 집착하고 다른 이들은 그 체계와 어긋나는 것처럼 보이는 실험에 끌려 논쟁하게 된다. 그러다가 결국 통찰력에 따른 것이든, 우연히 이루어진 것이든, 모순은 제거되기에 이른다. 사실 우연은 결코 중단되는 법이 없으며 통찰력보다 더욱 풍부한 결과를 이끌어내곤 한다. 그리고 마침내 지금까지 방치하다시피 해왔던 관념들이 다시금 영예를 얻게 된다.

XLVII

실험을 할 때는 구속이란 있어서는 안 된다. 증명되는 쪽만 보여주고 모순되는 쪽은 감춘다면 실험은 자유롭게 이루어 질 수 없다. 어떤 실험을 할 때 위험은 어떤 관념을 갖느냐가 아니라 그것을 맹목적으로 따르는 데 있다. 흔히들 산출된 결과와 체계가 모순될 때에서야 비로소 신중히 검토하곤 한 다. 그러므로 현상의 모습을 바꾸고 자연의 언어를 변화시킬 수 있는 것이라면 무엇도 잊지 말아야 한다. 반대의 경우라면 관찰자는 관대하게 정황들을 하나하나 검토하고, 자연에 반 론을 제기할 생각을 하지 않고, 자연이 자기가 처음으로 꺼낸 말을 따르고 있다고 생각하고, 전혀 모호한 데가 없다고 생각 한다. 그때 그는 이런 말을 들어도 마땅하다. "당신의 직업은 자연을 심문하는 것이오. 그런데 당신은 자연을 뒤집고 있는 것이 아니라면 자연의 이치가 밝혀질까 봐 두려워하고 있소."

XLVIII

험한 길을 걸을 때 더 빨리 걸을수록 더 헤매게 된다. 무한

히 펼쳐진 공간을 헤매었다면 길을 되찾을 수 있는 방법은
무엇일까? 힘이 다 빠져버린다면 가능키나 한 일인가? 그런
줄 알아채지도 못한 채 자만심을 부려본다. 원칙을 고집하는
태도가 위엄을 주변 전체로 퍼뜨리고 그런 위엄 때문에 대상
이 왜곡되어 보인다. 대상을 더는 지금 있는 그대로 보지
못하고 과거에 받아들여졌던 대로 보는 것이다. 존재에 대한
개념을 혁신하는 대신, 개념에 따라 존재를 조정해보려고
애쓰는 것 같다. 철학자들 가운데 방법론자들[138]보다 이런
열정에 사로잡히는 사람이 없다. 방법론자가 그의 체계에서
인간을 네발짐승의 최고로 받아들이자마자 그는 자연 속의
인간을 그저 네 발 달린 동물로만 보고 있을 뿐이다. 인간이
갖고 태어나는 숭고한 이성이 '동물'의 명칭에 걸맞지 않고,

••

138. 방법론자(méthodiste)라는 말은 뷔퐁이 경멸적인 의미를 담아 체계
   적 분류법을 시도하고자 했던 자연사가들, 특히 린네의 작업을 가리
   키기 위해 사용한 것이다. 방법을 통해 작업이 단축되고 기억하기
   쉽게 된대도, 그것은 "연쇄를 지나치게 늘이거나 지나치게 줄이고자
   하고, 자연의 법칙을 임의의 법칙에 따르게끔 하고, 자연이 더는
   나뉘지 않는 지점들에서 그것을 나누고자 하고, 우리의 미약한 상상
   력을 통해 자연의 힘을 측정하고자 하는"(『자연사』, I, 4쪽) 단점이
   있다. 특히 린네가 수행한 동물의 모든 분류법은 임의적이고 불완전
   하며 어떤 관찰을 불가능하게 만든다. 바로 이런 이유로 뷔퐁은
   "최근 동물의 자연사는 그저 편견과 방법만을 가진 사람들이 다뤘
   다. 그들은 무한히 방대한 자연의 목록을 기록하기 위해 형편없는
   몇 가지 체계를 가질 뿐이다."(『자연사』, III, 409쪽)

인간의 신체구조가 '네발짐승'이 갖는 신체구조와 어긋나고, 자연이 인간의 시선을 하늘을 향하게 했다고 주장한대도 소용없는 일이다.[139] 일관된 선입견 때문에 인간은 땅을 향해 몸을 구부리지 않을 수 없는 존재가 되어버린다. 그 선입견에 따르면 이성은 보다 완전한 본능에 불과하므로, 인간이 두 손을 두 발로 바꾸고자 하여 두 발을 더는 사용하지 않게 된 것은 그저 습관이 부족해서였다고 진지하게 믿는 것이다.

XLIX

하지만 몇몇 방법론자들의 논법은 한 가지 사례만을 들기에는 정말이지 너무도 특이하다. 린네는 『스웨덴의 목신』서문[140]에서 인간은 돌도 아니고 식물도 아니라고 말했다.

· ·

139. 오비디우스의 『변신 이야기』에서 가져온 내용인 듯하다. "다른 동물들은 모두 고개를 숙이고 대지를 내려다보는데 / 신은 인간에게만은 위로 들린 얼굴을 주며 별들을 향하여 / 얼굴을 똑바로 들고 하늘을 보라고 명령했다."(오비디우스, 『변신 이야기』, 천병희 역, 1권, v. 84-86, 숲, 2005, 28쪽) 디드로가 이 논변을 목적론적(finaliste) 맥락에서 다뤘다는 점은 놀라운 일이다. 그는 자연은 어떤 것도 헛되이 만드는 일이 없고 중세의 자연신학이 아리스토텔레스에서 출발하여 인간의 직립자세에서 끌어낼 수 있었던 점을 연상케 한다. 인간이 직립한 것은 "자연이 그의 시선을 하늘로 돌렸기 때문"이다. 디드로가 이 논변을 진지하게 받아들였다고는 생각할 수 없다(56절, 최종원인에 대한 비판을 참조).

그러니까 동물인 것이다. 인간은 발이 하나뿐인 것이 아니니
벌레가 아니고, 더듬이가 없으니 곤충이 아니고, 지느러미가
없으니 물고기가 아니고, 깃털이 없으니 새가 아니다. 그러니
인간이란 무엇인가? 인간의 입은 네발짐승의 입이다. 네 발을
가졌는데 앞의 두 발은 만지는 데 쓰고 뒤의 두 발은 걷는

● ●
140. 카를 폰 린네의 『스웨덴의 목신(*Fauna suecica*)』은 1746년에 스톡홀
름에서 출판되었다. 이 책의 서문에서 린네는 이렇게 썼다. "인간은
돌도, 식물도 아니고 동물이다. 인간이 살아가고 움직이는 방식은
동물의 그것을 따르기 때문이다. 또 인간이 발 하나만 가지고 충분히
설(立) 수 없다는 점에서 지렁이와 같은 벌레도 아니다. 인간이 더듬
이를 갖지 않았다는 점에서 곤충도 아니다. 지느러미를 갖지 않았다
는 점에서 물고기도 아니고, 깃털을 갖지 않았다는 점에서 새도
아니다. 그러나 인간은 네발짐승이다. 다른 네발짐승들과 구조가
똑같은 입과 네 발을 갖추었기 때문이다. 네 발 중에 둘은 걷는
데 쓰고 다른 둘은 마주친 것을 잡는 데 사용한다는 차이는 있다.
정말이지 자연사가로서 나는 인간과 원숭이를 구분해주는 어떤 특
징도 자연사라는 학문의 원칙에서 끌어낼 수 없었다. 사실 어떤
지역에 인간보다 털이 적고, 인간처럼 똑바로 서고, 인간처럼 두
발로 걷고, 손과 발을 사용하는 방식에서 외면상 인간을 닮은 원숭이
들에 주목한 사람들이 있다. 세련된 교양을 갖추지 못했던 여행자들
은 그런 특징들 때문에 그 원숭이들을 인류의 한 종으로 보기까지
했다. 인간과 다른 동물을 구분해주는 특징으로 언어가 있기는 하다
[…]. 분명 언어는 인간과 다른 동물을 구분해주는 것 같다. 하지만
그것은 개수, 형상, 비례, 위치에서 끌어낸 주목할 만한 특징이 아니
라 사실 일종의 가능성이나 결과에 다름 아니다."(DPV, IX, 109쪽에
서 재인용)

데 쓴다. 그러니까 네발짐승이다. 방법론자로서 린네는 다음과 같이 계속한다. "사실 내가 갖고 있는 자연사의 원리들에 따라본다면 인간과 원숭이를 구분할 수 없다. 어떤 사람들보다 털이 적고, 두 발로 걷고, 사람들처럼 손과 발을 사용하는 원숭이들이 있기 때문이다. 더욱이 내가 보기에 말들도 결정적인 성격이 되지 못한다. 내 방법을 따라본다면 나는 개수(個數), 형상, 비례, 위치에 따른 특징들만을 받아들인다." 그러므로 논리학자는 당신의 방법은 잘못되었소, 라고 하겠지만, 이 자연사가는 "그러므로 인간이란 네 발을 가진 동물이란 말이오"라고 하는 것이다.[141]

• •

141. 여기서 디드로는 뷔퐁이 『자연사』를 시작하면서부터 린네에게 가했던 비판을 다시 취하고 있다. 뷔퐁의 논점을 도방통은 『자연사』 4권에서 다시 한 번 발전시키게 된다. "나는 인간을 동물의 계통수에서 네발짐승 강(綱)이라는 일반적인 명명법 바로 밑에 첫 번째 속(屬)이라고 분류하는 것을 볼 때마다 놀란다. 인간을 얼마나 이상한 자리에 두는 것인가! 인간을 네 발 달린 짐승들과 동등하게 바라보는 것은 얼마나 부당한 것이며, 이는 또한 얼마나 그릇된 방법인가! [⋯] 방법론자가 자신이 사용한 방법이 임의적인 조건에 달렸음을 잊었음을 여기서 명백히 보게 된다. 이(齒), 털, 유방, 젖(乳), 태아가 어떻던, 인간은 본성상 다른 동물 종과 혼동되어서는 안 되고, 그러므로 인간을 네발동물 강에 가두어서도, 원숭이와 나무늘보가 속한 목(目)에 가두어서도 안 되기 때문이다."(『자연사』, 4권, 1753, 163-164쪽) 린네는 1758년에 『자연의 체계』의 2판을 내면서 내적 구조의 형태학적 특성을 포기하고 네발동물 강을 포유강에 통합시킨다.

L

어떤 가설에 타격을 가하려면 간혹 그 가설이 이를 수 있는 만큼 멀리 밀고나가 보기만 해도 된다. 우리는 에를랑엔에서 학위논문을 출판한 한 박사[142]가 내세운 가설에 이와 같은 방법을 적용해보려고 한다. 그의 저작에는 신기하고 새로운 생각들이 많아서 프랑스 철학자들은 이해하기가 쉽지 않을 것이다. 저작의 주제는 자연의 보편적 체계로서, 인간의 지성으로서는 그보다 큰 주제를 제시할 수 없을 것이다. 저자는 이전의 이론들을 요약하고, 그 이론들이 현상들의 일반적인 전개를 설명하는 데 충분하지 못하다는 점을 일별하는 것으로 시작한다. 어떤 이론은 '연장'과 '운동'만을 필요로 하는 반면, 다른 이론은 연장에 '불가입성', '운동의 능력', '불활성'을 추가해야 한다고 생각했다. 천구를 관찰하거나 보다 일반

- -
142. 독일의 에를랑엔에서 1751년 9월에 바우만 씨가 취득했다는 『시론 (*Dissertation inauguralis …*)』이라는 제목의 박사학위를 말한다. 모페르튀는 바우만 박사라는 필명으로 처음에 라틴어로 이 책을 출판했고, 1754년에 『유기체의 형성에 대한 시론』이라는 제목으로 프랑스어로 번역하여 출판한다. 디드로는 이 책을 프랑스어 번역이 아닌 라틴어로 읽고 요약하고 인용한다. 모페르튀는 디드로의 비판에 맞서 『디드로 씨의 반박에 대한 답변』을 써서 준비 중이었던 1756년의 『선집(*Œuvres*)』에 수록하여 출판하게 된다.

적으로 커다란 물체들을 연구하는 자연학이 모든 부분들이
어떤 법칙에 따라 서로 끌어당기고 누르는 어떤 힘이 필요하
다는 점을 증명했고, 그래서 질량에 정비례하고 거리의 제곱
에 반비례하는 '인력'의 존재를 인정하게 되었다.[143] 반면 화
학에서 다루는 가장 단순한 작용들이나 작은 물체들을 연구
하는 기초적인 자연학은 다른 법칙을 따르는 여러 가지 '인력'
들을 고려해야 했다.[144] 식물이나 동물의 형성과정을 인력,
불활성, 운동의 능력, 불가입성, 운동, 물질이나 연장으로 설
명할 수 없었기 때문에 철학자 바우만은 자연에 다른 속성들
이 존재한다고 가정해야 했다.[145] 바우만 박사는 흔히들 물질

· ·

143. "물질과 운동만 갖고 자연을 전부 설명할 수 있다고 믿었던 몇몇
    철학자들이 있었다. 그들은 더 쉽게 설명하기 위해 물질의 의미는
    오직 연장에 있다고 고지했다. 이런 단순한 설명으로는 충분하지
    않다고 생각한 다른 철학자들은 연장 외에도 불가입성, 운동의 능력,
    불활성을 추가할 필요가 있다고 생각했고, 결국 인력까지 생각하게
    되었다."(『시론』 1절, 위의 책, 153쪽)

144. "자연의 연구가 더 깊어질수록 불가입성, 운동의 능력, 불활성, 그리
    고 인력조차 무한히 많은 현상을 설명하기에 부족함이 있음을 알게
    된다. 인력의 개념으로 천구의 운동을 아주 정확히 설명할 수 있지
    만, 화학이 연구하는 가장 단순한 작용들을 설명하기에는 여전히
    부족하다."(『시론』 3절, 위의 책, 154쪽)

145. "그런데 물질을 구성하는 다양한 부분들에 말하자면 그만큼의 인력
    이 있다고 가정한다면, 식물이나 동물의 형성과정을 이러한 인력
    자체로 설명하기란 어림도 없는 일이다."(『시론』 4절, 위의 책,

도 갖추지 않고 지성도 갖추지 않은 채 자연의 모든 경이로운
현상들을 작동케 한다고 생각했던 '가소성을 가진 자연',[146]
지성의 방식과는 전혀 다르게[147] 물질에 작용하는 '하위 지성
실체',[148] 실체들이 하나 속에 다른 하나가 들어있는 방식으로
시간이 흐름에 따라 최초의 기적이 연속되면서 발육해나가
는 '실체들의 형성과정과 창조행위의 동시성',[149] 지속을 이루
는 각각의 순간[150]에 일련의 기적이 반복되는 것에 불과한

● ●

154-155쪽)

146. 가소성을 가진 자연(Nature plastique). 영국 신학자이자 철학자인
랠프 커드워스(Ralph Cudworth, 1617-1688)가 『지성의 체계』에서 유
기체의 형성을 설명하기 위해 제안한 개념이다. 디드로는 「피타고라
스주의」 항목에서 커드워스를 "피타고라스–플라톤–신비주의"(EN
C, t. XIII, 627)로 분류하고 그의 주제를 날카롭게 비판했다.

147. 모페르튀는 보다 명확하게 "정령 혹은 다이몬이라는 지성적인 실
체"(위의 책, 155쪽)로 구체화한다.

148. "어떤 철학자들은 가소성을 가진 자연을 상상했다. 그러한 자연은
정신도 물질도 없다 해도 우주에 그 둘이 작동할 수 있는 모든 것을
작동시킨다."(『시론』, 6절, 위의 책, 155쪽)

149. 『시론』의 9-11절의 요약. "실체의 창조의 동시성"(위의 책, 157쪽)은
모든 실체가 동시에 창조되었고 각각의 실체는 발육의 순간을 기다
린다는 주장이다. 아담의 몸에는 이후 나타날 모든 인류의 종자가
서로 포개진 채 들어 있다.

150. 탈시간성(Extemporanéité). 모페르튀는 『시론』의 11절에서 "창조주
의 의지로 창조가 이루어진 한 날, 모든 개체의 형성이 끝났다는
가정은 자연학적 설명이라기보다 기적을 말하는 것이다. […] 우리

'산출된 실체들의 탈시간성^{脫時間性}'¹⁵¹과 같은 이론들에 만족할 수 없어서, 철학적이지 못한 이들 이론은 우리가 어떤 본질을 가졌는지 모르는 한 존재에 변형을 가하면 어쩌나 하는 그릇된 두려움 때문에 생겼다고 생각했다. 이런 이유로 그 존재는 우리가 편견을 갖고 있기는 하나 우리에게 잘 알려진 그런 변형을 겪을 수 있을까? 그런데 그 존재는 어떤 것인가? 이 변화들은 어떤 것인가? 바우만 박사는 자신이 그것을 말해보겠다고 분명히 말하고 있다. 그에 따르면 그 존재는 육체를 가진 존재이며, 변형은 '욕망', '혐오', '기억', '지성',¹⁵² 한 마디로 말해서 동물에서 발견되는 모든 특성이며, 그것을 고대인들은 '예민한 영혼'¹⁵³이라는 이름으로 이해했는데, 바

• •

가 연속적인 것으로 보는 것을 신은 동시적으로 본다"(위의 책, 158쪽)고 말한다.

151. "우리가 모든 유기체, 식물, 동물이 세상에 나타난 순간 창조주가 즉각적으로 창조한 것이라고 말했다면, 이들 모든 개체가 동시에 창조되었다고 주장하는 사람들은 우리보다 전혀 유리한 입장에 설 수 없을 것이며, 이 수많은 유기체들이 어떻게 하나 속에 다른 하나가 들어 있는지 이해하는 데 더 큰 어려움이 생길 것이다. 그러나 앞서 말했듯 그런 것으로는 설명이 되지 못한다."(『시론』, 12절, 위의 책, 158쪽)

152. "어떤 지성의 원리랄까, 우리가 '욕망', '혐오', '기억'이라고 부르는 무언가의 도움이 필요하다고 하겠다."(『시론』, 14절, 위의 책, 159쪽)

153. "나는 '예민한 영혼'이나 다른 유사한 용어들을 내세워서 그 사실을 숨기지 않는다. 이치를 따질 줄 아는 사람이라면 누구나 감정이란

우만 박사는 가장 육중한 동물에서처럼 물질을 이루는 가장 작은 입자에도 형상과 질량의 비율에 차이가 있지만, 그러한 특성들이 있다고 가정한다. 바우만 박사에 따르면, 문제가 있었다면 모래알에 지성이 있다는 것만큼이나 코끼리나 원숭이의 육체에도 지성이 있음을 받아들이는 것도 큰 문제가 된다.[154] 여기서 에를랑엔 아카데미 철학자 바우만 박사는 무신론을 주장한다는 의혹을 불식하기 위해 마지막으로 전력을 다한다. 바우만 박사가 열정을 다해 자신이 내세운 가설을 옹호하는 것은 유물론으로 귀결하지 않고도 그 가설만으로 가장 설명하기 어려운 현상들이 해결되는 것처럼 보기 때문이다.[155] 가장 과감한 철학적인 사상과 종교에 대한 가장 심오한 경의를 어떻게 하나로 만들 수 있는지 이해하려면 그의 저작을 읽어야 한다. 바우만 박사는 신이 세상을 창조했으며, 가능하다면 세계가 보존되기 위해 신이 사용하고자

• •

결국 지각이고, 사유라는 점에 동의할 테니 말이다."(『시론』, 16절, 위의 책, 160쪽)

154. "그런데 지금 문제는 그것이 아니라, 물질에 다소라도 지성이 있느냐가 문제를 일으킬 수 있는지 검토하는 것이다. 문제가 있었다면 모래알에 지성이 있다는 것만큼이나 코끼리나 원숭이의 육체에도 지성이 있음을 받아들이는 것도 큰 문제가 된다."(『시론』, 18절, 위의 책, 161쪽)

155. 『시론』, 19-31절(위의 책, 161-168쪽)의 요약.

했던 법칙들과, 개체들이 번식하도록 마련된 수단들을 발견하는 것은 바로 우리가 담당해야 할 몫이라고 말한다. 이 점에 대해서 우리는 마음대로 행동해도 좋으며, 우리는 어떻게 생각하는지 제안할 수 있다. 아래에 바우만 박사가 제시한 주요한 생각들을 정리했다.

감각하고 생각하는 동물의 한 부분을 형성하도록 된 정액의 원소를 그 부분과 유사한 부분에서 추출했을 때 그 원소는 처음의 상태가 어떠했는지 기억할 것이다. 바로 이런 것 때문에 종이 계속 유지되고 부모를 닮게 된다.[156]

액체 상태의 정액에 어떤 원소가 과도하게 많거나 부족한 경우가 생길 수 있고, 이 원소들이 결합과정에서 누락되거나 여분의 원소들의 기이한 방식으로 결합될 수도 있다. 그때 생식이 불가능해지거나 가능한 모든 방식의 괴물이 만들어지기도 한다.[157]

필연적으로 어떤 원소들은 끊임없이 동일한 방식으로 결합하는 놀라운 능력을 갖추게 될 것이다. 이런 이유로 원소들

..

156. 『시론』, 33절-34절(위의 책, 168-169쪽)의 요약.

157. 『시론』, 35절-36절(위의 책, 169쪽)의 요약. "정액에 어떤 원소가 들어 있지 않거나 서로 결합될 수 없는 경우 일부가 결여된 괴물이 태어난다(35절). 원소가 지나치게 많아서 보통의 결합이 이루어진 후에도 어떤 부분이 여전히 남아 다른 부분과 다시 한 번 결합될 때 일부가 과잉인 괴물이 태어난다."

이 상이할 때 극미동물들은 무한히 다양한 방식으로 형성되게 되고, 원소들이 동일할 때 폴립이 형성되는데 이를 무한히 작은 꿀벌들이 모인 다발[158]과 비교할 수 있다.[159] 그들은 한 가지 상황만을 뚜렷이 기억할 뿐이므로 그들에게 가장 익숙한 상황에 따라 서로 붙들게 되고 그런 상태를 유지할 것이다.

현재 상황에 대한 반응이 과거의 상황에 대한 기억을 버리거나 잊게 될 때 모든 상황에 무관심하게 되어, 불임이 생기게 된다. 노새의 불임이 바로 이런 경우이다.[160]

지성을 갖추고 감각할 수 있는 기초적인 부분들이 종을 이루는 질서를 무한히 멀리 벗어나지 못할 것도 없을 것이다. 이런 까닭에 최초의 동물로부터 무한히 많은 동물 종이 비롯

• •

158. "군대를 어느 정도 거리를 두고 바라볼 때 그저 커다란 동물처럼 보일 수 있는 것이 이와 같고, 꿀벌 떼가 어떤 나뭇가지 주변에 모여 서로 달라붙어 있을 때 그 무리를 형성하는 개체들과 전혀 닮아 보이지 않는 하나의 물체로만 보이는 것도 이와 같다."(『시론』, 51절, 위의 책, 178쪽) 디드로는 『달랑베르의 꿈』에서 모페르튀의 비유를 다시 취한다.

159. "원소들이 전혀 충분한 유사성을 갖지 않는 동물들에서 나온다면 그 원소들은 적절한 배치를 취하거나 유지할 수 없으므로 생식이 이루어지지 않게 된다."(『시론』, 39절, 위의 책, 171쪽)

160. "상이한 종족과 종의 두 개체의 교미로 얻어진 속명(屬名)으로 교배종(métis)과 잡종(hybride)의 동의어이다."(『리트레 사전』) 디드로는 1753년판에서는 모페르튀를 따라 "교배종"이라고 썼다.

되었으며, 최초의 존재로부터 무한히 많은 존재들이 생겨났던 것인데, 이것이 자연에서 이루어지는 단 한 가지 행동이다.[161]

그런데 원소 하나하나가 쌓이고 결합될 때 낮은 단계의 의식과 지각을 상실하게 될까? 바우만 박사는 절대 그렇지 않다고 말한다. 원소는 이러한 특성을 본질적으로 갖추고 있다. 그러니 어떤 일이 생길까? 다음과 같은 일이 벌어진다. 서로 모이고 결합된 원소들의 지각에서 질량과 배치에 비례하는 공통 지각이 나오게 될 것이다. 원소 하나하나가 '자기'의 기억을 잃고 하나같이 '전체'의 의식을 형성하도록 몰고 가게 되는 이러한 지각의 체계가 바로 동물이 갖는 영혼일 것이다. "그러나 인간에서는 서로 모인 원소들의 모든 지각으로부터 하나의 유일하고, 훨씬 더 강하고, 훨씬 더 완전한 지각이 나오는 것 같다. 이러한 지각은 그 어떤 기초적인

<hr />

161. "오직 두 개체로부터 전혀 유사성이라고는 찾아볼 수 없는 두 종이 수를 어떻게 증가시킬 수 있는지 설명해 볼 수 있지 않을까? 우연히 어떤 발생이 이루어지는 것으로만 종의 기원이 가능할 수 있는데, 그때 최초의 부분들은 아버지 동물과 어머니 동물이 갖고 있었던 질서를 유지할 수 없을 것이다. 그래서 여러 단계의 오류가 발생할 때마다 새로운 종이 나타났을 것이다. 이렇게 질서를 벗어나는 일이 여러 차례 반복되면서 오늘날 보는 것처럼 무한히 다양한 동물 종이 나타났을 것이다."(『시론』, 45절, 위의 책, 173쪽)

지각 이상인 것으로, 그것과 지각 하나하나와가 맺는 관계는 유기체와 원소가 맺는 관계와 같을지 모른다. 원소 하나하나는 다른 원소들과 결합할 때 자기가 가진 지각과 다른 원소들의 지각이 하나가 되면서 '자기'가 가진 지각의 특별한 의식을 상실하기 때문에 우리로서는 원소들의 최초 상태의 기억을 잊게 되고 우리의 기원이 어떠하였는지 완전히 알 수 없게 되는 것임이 틀림없다."[162]

바로 이 대목이 우리를 놀라게 하는 부분이다. 바우만 박사는 자기가 세운 가설에서 얼마나 끔찍한 결과가 도출될지 몰랐는가,[163] 혹은 혹시라도 알았다 해도 그 가설을 포기할

• •

162. 원문에 라틴어로 되어 있다. Omnes elementorum perceptiones conspirare, et in unam fortiorem et mgis perfectam perceptionem coalescere videntur. Haec forte ad unamquamque ex aliis perceptionibus se habet in eadem ratione qua corpus organisatum ad elementum. Elementum quodvis, post suam cum aliis copulationem, cum suam perceptionem illarum perceptionibus confudit, et SUI CONSCIENTIAM perdidit, primi elementorum status memoria nulla superest, et nostra nobis Origo omnino abdita manet.(디드로의 주) LVI절에 들어 있는 본 대목 및 이전 페이지들과 이후 페이지들에 같은 원칙을 다른 현상들에 적용한 대목들을 참조할 것. 이 대목은 대단히 섬세하게 적용되어 있으며 사실에 입각한 것으로 보인다.

163. 모페르튀는 1756년에 디드로에게 다음과 같이 답변한다. "우리가 『자연의 해석』의 저자 디드로 씨의 종교에 확신이 없었다면 그의 목적이 그가 '끔찍하다'고 부른 결과를 끌어내는 것만큼 그 가설을

수 없었던 것인가? 이제 그가 제시한 원칙을 검토하는 데 우리의 방법을 적용해야 한다. 그러므로 나는 바우만 박사가 우주 혹은 감각을 갖고 사유하는 모든 분자들[164]의 총합이 하나의 전체를 형성한다고 생각하는지 그렇지 않은지 묻고 싶다. 전체를 형성하지 않는다고 답변한다면 그는 자연에 무질서를 도입하면서 한 마디로 말해 신이 존재한다는 사실을 뒤엎게 될 것이고, 모든 존재를 연결하는 사슬을 끊으면서 철학의 기초를 무너뜨리게 될 것이다. 전체를 형성한다고 답변한대도 마찬가지이다. 하나의 전체에 속한 모든 원소들은 질서를 갖추고 있어서, 이는 한 원소와 그것을 구성하는 부분들— 실제로 별개의 것이든 머릿속으로만 이해할 수 있

· ·

무너뜨리는 데 있는 것인지 의심할 수도 있었을 것이나. 하시만 의도야 어떻건 우리의 가설에 반대하는 논의 방식을 마련해볼 목적으로 나는 '끔찍한' 결과를 끌어낼 수 없을 철학적 가설이 도대체 있기나 한 것인지 그에게 묻고 싶다"(위의 책, 199쪽)고 썼다.

164. 1754년판 『유기체 형성에 대한 시론』에는 익명으로 쓴 서문이 실려 있는데(분명 모페르튀 자신일 것이다) 이 서문은 모페르튀의 저작에서 유기분자는 중요하지 않으며, 이 용어는 뷔퐁에서 가져온 것임을 강조한다. 모페르튀는 "물질을 이루는 가장 작은 부분 하나하나마다 본능이 있다고 했고 이것으로 전체를 형성하는데 여기에는 뷔퐁 씨가 시도했던 '원시 물질과 유기적 물질'의 구분을 전제하지 않은 것이다. 결과적으로 바우만 씨는 뷔퐁 씨와 니담 씨가 발견한 유기분자들을 본능의 결과이자 완전히 형성을 끝낸 물질의 집합체로 보는 것이다."(v-vj쪽)

는 것이든— 사이에서도, 한 동물과 원소들 사이에서도 마찬 가지이다. 그렇다면 그는 이러한 보편적인 결합copulation의 결과로서, 한 마리의 거대한 동물과도 같은 세계에는 영혼이 있으며, 세계는 무한할 수 있으므로 이 세계의 영혼은 지각의 무한한 체계(이다, 라고 말하는 대신)일 수 있으므로 세계가 바로 신일 수 있다[165]고 말해야 할 것이다. 바우만 박사는 원한다면 얼마든지 이러한 귀결이 부당하다고 반박할 수 있 겠지만 그래도 사실은 사실이다. 그의 숭고한 생각으로 깊고 깊은 자연에 어떤 빛이 던져지든 그가 이런 무시무시한 생각 을 한 것은 사실인 것이다. 그의 생각을 일반화하는 것만으로 그 점을 알 수 있었다. 이 형이상학자의 가설과 일반화의 관계는 자연학자들의 가설과 관찰과 경험의 반복의 관계와 같다.[166] 이 가설들이 정확한가? 그렇다면 결과의 범위를 확장

• •

165. 모페르튀의 이론은 세계를 거대한 동물로 보는 생각으로 귀결할 수 있다. 그 거대한 동물이 바로 신이다. 이는 피에르 벨이『철학 고증 사전』의「스피노자」항목에서 스피노자의 철학체계를 비판하 는 요점이다. 18세기에 스피노자주의는 고대의 물활론, 스토아주의, 힌두교와 비교되는 범신론 등을 기원으로 하고 있다고 간주된다. 디드로는『백과사전』2권에 실은「바라문(婆羅門)」항목에서 힌두교 승려들이 "존재의 연쇄는 신의 내부에서 유래된 것으로 이는 마치 거미의 뱃속에서 실(絲)이 나오는 것과 같다"(ENC, t. II, 393-394쪽)고 가르쳤다고 썼다.

166. 여기서 디드로는 형이상학자의 '가설(hypothèse)'과 자연학자의 '가

할수록 더 많은 진실을 갖추게 되고, 더 많은 명확성과 영향력을 얻게 된다. 반대로 가설의 토대가 약하거나 제대로 갖추어지지 않았다면 그 가설들을 무너뜨리는 어떤 사실이 나오고 새로운 진리가 발견되기 마련이다. 바우만 박사가 제시한 가설은 이렇게 말할 수 있다면 자연의 가장 이해할 수 없는 신비, 즉 동물의 형성과정이나 보다 일반적으로 말해서 유기체의 형성의 문제를 발전시키겠지만, 현상들의 총합과 신의 존재가 걸림돌이 될 것이다. 그러나 우리가 에를랑엔의 바우만 박사의 생각을 거부할지라도, 그가 설명하고자 했던 난해한 현상들과 그가 제안한 적용범위가 넓은 가설, 그로부터 끌어낼 수 있는 의외의 결과들, 역사가 시작된 이래 최초의 인간들이 한결같이 몰두했던 주제에 새롭게 제기된 가설의 가치, 그의 가설을 성공적으로 논박하기 어렵다는 사실을 심오한 성찰의 결과, 자연의 보편 이론을 세우고자 하는 과감한 기획, 위대한 철학자의 시도로 보지 않았다면 아주 잘못 이해했을 수도 있을 것이다.

LI

감각작용의 충격에 대하여. 바우만 박사가 자신의 체계에

설(conjecture)'을 구분하고 있다.

당연히 한계가 있음을 인정하고 그의 생각을 영혼의 본성이 무엇이냐의 문제로 확장하지 말고 그저 동물의 형성과정에 적용하는 것으로 그쳤다면, 유기 분자가 욕망, 혐오, 의식, 사유를 갖는다는 더 없이 솔깃한 유물론에 빠지지 않았을 수도 있었으리라. 바로 이런 이유 때문에 나는 바우만 박사에 반대하여 그의 생각이 신 존재의 문제까지 나아갈 수 있다는 점을 증명했다고 본 것이다. 그는 전능한 존재가 가장 우둔하고 아무런 생명이 없는 물질과 가장 가까운 동물들에게 감수성을 부여했지만, 그보다 수천 배 더 낮은 단계의 감수성이 있다고 가정하는 것으로 그쳤어야 했다. 감수성이 이렇게 둔하고 배치도 판이하게 다르기 때문에 어떤 유기 분자는 가장 용이한 상황만 겪었을지 모르고, 기계적인 불안[167]으로

· ·

167. 기계적인 불안(une inquiétude automate)이라는 표현에서 '기계적인'으로 번역한 automate는 말은 빈번하지는 않지만 형용사로 사용되기도 한다. 이 단어는 자신의 운동의 원리를 그 자신 속에 갖고, 동물일반을 규정하는 데 사용되곤 하는 모든 것을 가리킨다. 불안은 동요이고, 정지 상태로 멈춰 있을 수 없는 상태를 가리킨다. 존 로크의 『인간지성론』을 프랑스어로 번역한 코스트는 의지가 행동에 옮겨지게끔 하는 원인으로서의 불편한 상태를 가리키기 위해 로크가 사용한 uneasiness를 inquiétude로 번역했다. "동일한 상태나 행동을 지속하는 동기는 단지 그 안에 있는 현재의 만족감이다. 변화의 동기는 항상 어떤 불편함이다. 불편함 이외의 어떤 것도 우리를 상태의 변화나 새로운 행동에 착수하게끔 하지 않는다. 불편함이야말로 마음이 행동에 착수하도록 작용하는 커다란 동기인데, 우리는

인해 계속해서 그 상황을 찾게 되었을 수 있다. 동물의 모든 기능이 정지되다시피 하여 휴식에 가장 적합한 준비를 끝낼 때 동물들이 잠에 빠져서도 몸을 움직이는 일이 이와 같다. 이 원칙으로도 바우만 박사가 설명하고자 했던 현상들과 프랑스의 곤충학자들 전부를 아연실색케 할 경이로운 사실들을 대단히 단순한 방식으로 어떤 위험스러운 결과도 없이 충분히 만족시킬 수 있었으리라. 또 바우만 박사는 동물 일반을 '물질 일반을 창조했던 존재가 유기 분자에 마련해 두었던 둔하고 예리하지 못한 촉각과 유사한 감각에서 비롯한 자극

• •

표현의 간결성을 위해 이를 의지의 결정이라고 부를 것이다."(로크, 『인간지성론 1』, 2부 21장 29절, 정병훈, 이재영, 양선숙 역, 한길사, 2014, 367쪽) 콩디야크도 같은 의미로 이 용어를 사용한다. "우리의 행복에 필요하다고 판단하는 대상이 결여되었을 때 이러한 불편이 며, 불안이 생기는데, 우리는 이를 '필요(besoin)'라는 이름으로 부르고, 여기서 '욕망(désir)'이 생긴다. 이 필요는 상황에 따라 반복되는데 새로운 필요를 부르는 경우도 자주 있다. 바로 이것이 우리의 지식과 능력을 발전시키게 된다. 로크는 대상의 결여가 원인이 된 불안이 우리가 결심을 하게 되는 원리가 된다는 점에 주목한 첫 번째 철학자이다. 그러나 욕망의 불안이 생기는 것은 정확히 반대의 현상이다. 더욱이 로크는 욕망과 의지의 차이를 실제보다 더 크게 보았다."(콩디야크, 『감각론(Traité des sensations)』, 『전집(Œuvres complètes)』, 3권, Paris, Gratiot, Houel et Pougin, 1798, 9쪽) 그러나 여기서 디드로는 라이프니츠의 『새로운 인간지성론(Nouveaux essais sur l'entendement humain)』을 참조하지는 않았을 것이다. 이 책은 1765년이나 되어서야 출판되었다.

을 통해 각 분자가 자신의 형상과 휴식에 가장 적합한 자리를 만나게 될 때까지 서로 결합하게 되었던 상이한 유기 분자들의 체계'로 정의할 수도 있었을 것이다.

LII

도구와 측정. 우리는 다른 곳에서 감각이 우리가 가진 모든 지식의 원천이므로 감각에 의한 판단을 어느 지점까지 신뢰할 수 있는지 아는 것이 매우 중요하다는 점을 지적했다. 여기에 우리의 감각을 보충해주는 것들이나 도구들을 검토하는 일이 필요하다는 점을 추가하도록 하자. 이는 경험의 새로운 적용이며, 오래고, 고통스럽고, 어려운 다른 종류의 관찰이라 할 것이다. 수고를 줄일 수 있는 방법이 하나 있을 텐데, 그것은 신중함을 내세우는 합리주의 철학의 말에는 귀를 닫고 듣지 말아야 할 것(합리주의 철학은 신중함을 내세우기 마련이다)이고 양을 판단할 때에는 어디까지 정확히 측정해야 하는지 잘 알아야 할 것이다. 측정하는 데 얼마나 노고가 들고 노동이 들고 시간이 드는가! 새로운 발견을 위해서는 이 모두를 잘 사용해야 할 것이다.

LIII

도구를 개발하든 그것을 천하일품으로 만들든 자연학자에

게 신중에 신중을 기하라고 아무리 권한대도 지나치지 않다. 유추를 너무 믿지 말 것이고,[168] 더 많은 것으로부터 더 적은 것으로, 더 적은 것으로부터 더 많은 것으로 결론을 내리지 말라는 것이고, 사용하는 물체들의 모든 물리적인 성질을 검토해보아야 한다. 이상의 것들을 소홀히 한다면 그는 절대 성공할 수 없을 것이다. 자연학자가 이 모든 것을 신중히 고려했다면 전혀 예상하지 못했거나 소홀히 했던 작은 장애물 하나가 자연의 한계가 되고 자신의 도구를 완성했다고 믿었을 때 그것을 포기하지 않을 수 없게 되는 일이 생길 수 있겠는가?

LIV

대상의 구분에 대하여. 정신은 모든 것을 이해할 수 없고, 상상력은 모든 것을 예측할 수 없고, 감각은 모든 것을 관찰할 수 없고, 기억은 모든 것을 기억할 수 없다. 위대한 사람들은 너무 오랜 시간을 두고 태어나고 학문의 진보는 급변이

· ·

168. 이 부분을 유추가 자연을 해석하고자 하는 사람에게 착상을 얻게 해주는 창안의 정신을 갖는다고 말했던 31절의 내용과 비교해볼 수 있다. 하지만 이와 동시에 유추를 무시하고 유추로부터 어떤 결론도 끌어내서는 안 된다. 가설을 만들어내고 정신이 그것이 갖는 가설의 지위를 유지하도록 해야 형이상학의 체계에 빠지는 일이 없을 것이다.

이루어질 때마다 중단되곤 하니 이미 흘러 지나가버린 모든 시대의 지식을 되찾기 위해서는 수많은 세기가 흘러야 한다. 그런 까닭에 인류는 모든 것을 구분 없이 관찰할 수 없는 것이다. 뛰어난 재능을 타고난 비범한 사람들은 그들 시대의 관례에 따라 자신은 물론 후세 사람들도 존중해야 한다. 빠짐없이 다뤄진 곤충학이며, 극미동물의 한도 끝도 없는 역사만을 후세에 전해주어야 했다면 후세는 우리를 뭐라 생각하게 될까? 위대한 대상들은 위대한 천재에게 맡기고, 대수롭지 않은 대상들은 대수롭지 않은 천재를 가진 사람들에게 맡기도록 하자. 대수롭지 않은 천재들이 대수롭지 않은 대상들에 전념하느니 차라리 아무것도 하지 않는 편이 낫다.[169]

· ·

169. 이 부분에서 디드로는 레오뮈르를 비판했던 뷔퐁의 입장을 취하고 있다. 뷔퐁은 "자연사가는 결코 파리 한 마리가 자연에서 차지하는 자리 이상을 그것에 부여해서는 안 된다"고 말한 바 있다.(『자연사』, II, 357쪽). 레오뮈르는 왕립출판원에서 엄청난 분량의 『곤충의 자연사를 쓰기 위한 논문집』을 발간했다. 이때 두 사람의 사적인 경쟁심에 철학적 대립까지 덧붙게 된다. 뷔퐁과 디드로는 레오뮈르와 그의 일파들이 주장하는 섭리주의적인 설명방식을 급진적으로 거부한다. 섭리주의자들은 파리의 날개에서 보이는 놀라운 구성과 꿀벌이 집을 짓는 방식에서 독자에게 경이와 감탄을 느끼도록 한다. 이러한 관점에서 레오뮈르는 뷔퐁의 불경(不敬)을 비판한다.

LV

장애물들.[170] 한 가지 일을 하고자 하는 것으로는 충분치 않고, 자기가 하고자 하는 일에 피치 못하게 얽혀 있다시피 하는 모든 일에 동의해야 하므로 철학 연구에 전념해보겠다는 결심을 한 사람이라면 연구 대상의 본성에 속하는 물리적인 장애물뿐 아니라, 자신에게 틀림없이 제시되는 수많은 정신적 장애물도 예상할 것이다. 이들 장애물은 그보다 먼저 연구했던 모든 철학자들도 공히 막아 세웠던 것이다. 그러므로 방해를 받고,[171] 오해를 받고, 무고한 비난을 받고, 평판을 잃고, 심한 공격을 받게 될 때 "내가 살아가는 시대에도 나에 대한 무지와 악의로 가득한 사람들, 질시로 안달복달하는 사람들, 미신 때문에 머리가 혼란스러운 사람들이 있지 않을지" 스스로 되물을 줄 알아야 한다. 간혹 동시대 사람들을 불평해야 할 때가 있다면 "동시대 사람들이 불만스럽지만, 그들 한 사람 한 사람에게 일일이 『교회소식지』[172]의 저자가

· ·

170. 지식의 증가를 막는 장애물이 있다는 주제는 두말할 것 없이 베이컨에서 가져온 것이다.

171. 방해하다(traverser)는 표현은 비유적으로 "도덕의 영역에서 걸림돌을 만들다, 불편을 일으키다, 장애를 일으키다와 같은 의미로 쓰인다. 질투를 하게 되면 타인이 번영하지 못하도록 방해하고(traverser) 싶어 한다."(『트레부 사전』)

172. 얀센주의 기관지인 『교회소식지(Nouvelles ecclésiastiques)』는 1749

되고 싶은가 몽테스키외가 되고 싶은가, 『아메리카인의 편지』[173]의 저자가 되고 싶은가, 뷔퐁이 되고 싶은가 물어볼 수 있다면, 둘 중 하나를 선택하는 데 분별력을 필요로 하고 어느 쪽이 좋을지 저울질을 해봐야 하는 사람은 한 사람도 없을 것이다. 그러므로 내가 높이 평가하는 박수갈채를 받을 만큼 행운아라면 언젠가는 그런 박수갈채를 받게 되리라 확신한다"고 생각해볼 줄 알아야 한다.

철학자나 재사才士라는 이름을 얻으면서도 덧없이 흘러가는 삶의 한 순간 한 순간을 사람이 공부하거나 휴식할 때 방해하면서 보내는 저 성가신 곤충들을 닮는 것을 부끄러워하지 않는 여러분들이여, 여러분의 목표는 무엇인가? 여러분은 정말 간절히 그 목적을 이루기를 바라는가? 여러분이 국가

• •

년 10월 9일과 16일에 두 편의 기사를 내어 몽테스키외의 『법의 정신(*L'Esprit des lois*)』을 맹렬히 공격한다. 이 기사는 퐁텐 드 라 로슈가 쓴 것이다. 몽테스키외는 몇 달 후 『법의 정신 옹호(*Défense de l'Esprit des lois*)』를 출간하여 자신이 받은 무신론, 스피노자주의, 이신론에 대한 비난을 변론한다.

173. 『한 아메리카인의 편지』는 1751년에 익명으로 출판되었는데, 이는 레오뮈르 일파에 속했던 르라르주 드 리냑의 저작이다. 그는 이 편지에서 뷔퐁을 신랄하게 비난하는데 뷔퐁이 종교를 무너뜨렸고, 자연사에서 신을 제외해버렸고, 에피쿠로스주의를 복권시키면서 유물론자들의 입장에서 작업했다는 것이 요지이다. 니담의 실험으로부터 뷔퐁이 가져온 자연발생설의 입장 역시 비판의 대상이 되었다.

에 남은 유명한 저자와 탁월한 천재들의 기를 꺾게 된다면 그 대신 국가에 무엇을 해줄 텐가? 인류가 얻을 수도 있었을 경이로운 산물을 여러분은 무엇으로 보상해줄 것인가? … 여러분의 뜻과는 상관없이 뒤클로,[174] 달랑베르, 루소, 볼테르, 모페르튀, 몽테스키외, 뷔퐁, 도방통의 이름들은 우리들과 우리의 후손들[175]의 영예가 될 것이다. 어떤 이가 언젠가 여러분의 이름을 기억한다면 그 사람은 이렇게 말할 것이다. "그 사람들은 그들이 살았던 시대의 최초의 인물들을 박해한 자들이었다네. 그래도 『백과사전』 서문,[176] 『루이 14세 시대의 역사』,[177] 『법의 정신』, 『자연의 역사』가 나왔던 것은 다행히도 그런 사람들이 아무리 권력을 쥐고 있었어도 우리에게 그 작품들을 빼앗지 못했기 때문"이라고.

LVI

원인들. 1.[178] 철학이 제시하는 근거 없는 가정들이며 우리

174. 샤를 피노 뒤클로(Charles Pinot Duclos, 1704-1772)는 『○○○ 공작의 고백』(1741) 등의 소설, 『18세기 풍속론』(1751) 등을 쓴 작가로, 1755년에 아카데미 프랑세즈의 종신서기가 된다.

175. neveu의 원래의 의미는 조카이지만 이 단어의 복수형은 "우리 다음에 올 모든 사람들, 후세를 가리킨다."(『퓌르티에르 사전』)

176. 달랑베르의 『백과사전』 서문(1751)을 가리킨다.

177. 볼테르, 『루이 14세 치세의 역사』(1751)를 가리킨다.

가 가진 이성의 미약한 빛만을 고려한다면 원인들의 연쇄에
는 시작이 없었고, 결과들의 연쇄에는 끝이 없으리라 생각할
수 있겠다. 한 분자가 이동했다고 가정해보자. 그 분자는 혼자
서 이동한 것이 아니었고, 그 분자를 이동하게 한 원인에는
다른 원인이 작용한 것이고, 그 다른 원인은 또 다른 원인이
작용한 것이고, 과거의 시간 속에서 어디까지 '자연적인' 끝
을 찾아나갈 수 있을지는 모르지만 이런 식으로 계속되어
나간다. 한 분자가 이동했다고 가정해보자. 그 분자가 이동했
을 때 어떤 결과가 비롯되고, 이 결과에서 다른 결과가 비롯되
고, 미래의 시간 속에서 어디까지 '자연적인' 끝을 찾아나갈
수 있을지는 모르지만 이런 식으로 계속되어 나간다. 가장
미약한 원인들과 가장 사소한 결과들이 이렇게 무한히 이어
져 나간다는 데 기겁을 한 정신은 이런 추정과, 비슷한 종류의
다른 추정들을 결국 편견을 통해서나 받아들이게 된다. 우리
의 감각 능력을 벗어나는 일이고 모든 것이 우리가 더는 보지
못하는 곳에서 멈추기 때문이다. 그러나 자연의 관찰자와
자연의 해석자의 근본적인 한 가지 차이는 감각과 도구의
한계 때문에 관찰자가 포기하는 지점에서 해석자가 출발한
다는 데 있다. 해석자는 존재하는 것을 통해 존재해야 하는

••

178. 이 부분은 디드로가 1754년판에 추가한 것이다.

것을 예견하고, 사물의 질서에서 출발하여, 추상적이고 일반적인 결론을 이끌어내지만, 그것은 그에게는 명백히 감각적이고 개별적인 진리로 받아들여진다. 자연의 해석자는 질서의 본질 자체에 이르러, 감각을 갖고 사유하는 한 존재와, 어떤 것이 되었든 원인과 결과의 연쇄가 '순수하고 단순하게' 공존[179]한다고 해서 그것으로 절대적인 판단을 내리는 데 충분치 않다는 점을 깨닫고 거기서 멈춰 서게 된다. 한 발만 더 내딛었다면 자연을 벗어날 수도 있을 것이다.

2. 최종 원인. 우리가 뭐라고 자연에 깃든 목적이 무엇인지 설명하려는 걸까? 자연의 예지를 가져보자는 권고는 자연의 힘을 배제하는 일이라는 점을 보지 못하는 것일까? 자연의 목적에 부합시킬 수도 없을 뿐 아니라 자연의 원천을 제거하는 것임을 정말 보지 못하는 것일까?[180] 자연을 해석하는 이런

• •

179. 디드로는 1756년에 랑두아에게 쓴 편지에서 "원인의 종류는 하나뿐이며, 그것은 자연학의 원인입니다"(Versini판. V, 56쪽)라고 말한다. 필연적이고 유물론적인 존재만 있을 뿐이다. 원인들과 결과들의 연쇄는 시작도 끝도 없고, 그 무엇도 이 연쇄에서 벗어날 수 없다. 유심론자들이 말하는 감각적이고 영적인 실체와 물리적인 원인들이 이루는 물질적인 질서가 공존한다는 생각은 "받아들이기 어렵다." 이 책을 쓰고 있는 1754년의 디드로는 더 위험한 생각으로 나아갈 수 없어서 여기서 멈춰야 했을 것이다.

180. "모든 개물 또는 유한하고 일정한 존재를 소유하는 각각의 사물은, 마찬가지로 유한하고 특정한 존재를 소유하는 다른 원인에 의하여

방식은 심지어 자연 신학에서도 올바르지 못하다.[181] 그것은
신의 작업에 인간의 추측을 대체하는 것[182]이고 가장 중요한

• •

존재와 작용으로 결정되지 않는다면 존재할 수도 작용하도록 결정
될 수도 없다. 이 원인도 또한 마찬가지로 유한하며 특정한 존재를
소유하는 다른 원인에 의하여 존재와 작용으로 결정되지 않으면
존재할 수도 작용하도록 결정될 수도 없다. 이처럼 무한히 진행된
다."(스피노자, 『에티카』, 1부 정리 28, 강영계 역, 서광사, 45쪽)

181. "자연 신학(Théologie naturelle)은 결과를 통해, 그리고 오직 자연의
지식을 통해 우리가 신에 대해 갖게 되는 지식이며, 초자연 신학
(Théologie surnaturelle)은 계시를 통해 우리가 신에 대해 알게 되는
지식을 말한다."(『트레부 사전』)

182. "목적에 관한 이 이론은 자연을 전적으로 전도시킨다. 왜냐하면
이 이론은 원인인 것을 결과로 고찰하며 또 그 반대로도 고찰하기
때문이다. 다음으로 이 이론은 본성적으로 선행(先行)하는 것을 후행
(後行)하는 것으로 만든다. 그리고 마지막으로 이 이론은 최고의
가장 완전한 것을 가장 불완전한 것으로 만든다. 왜냐하면 […] 신에
서 직접 산출된 결과는 가장 완전하며, 사물은 산출되기 위하여
더 많은 매개 원인을 필요로 하면 할수록 더욱더 불완전하다. 그러나
만일 신에서 직접 산출된 것은 신이 자신의 목적을 이루기 위하여
만든 것이라면, 그것들은 최후의 것, 곧 모든 것 중에서 가장 탁월한
것일 터이기 때문이다. 이 최후의 것을 위하여 처음의 것이 만들어졌
다. 다음으로 이 이론은 신의 완전성을 소멸시킨다. 왜냐하면 만일
신이 목적을 위하여 작용한다면 그는 자신이 결여하는 어떤 것을
필연적으로 욕구하기 때문이다. 그리고 물론 신학자들과 형이상학
자들은 필요의 목적(finis indigentiae)과 동화의 목적(finis assimilatio
nis)을 구분하지만 그래도 그들은 신이 피조물을 위해서가 아니라
자신을 위해서 모든 것을 행한다고 인정한다. 왜냐하면 그들은 창조
이전에는 신을 제외하고는 신이 목적으로 삼아서 작용하는 것은

진리에 한갓 가설의 요행을 가져다 붙이는 것이기에 그렇다.[183] 하지만 이들 최종원인의 탐구가 진정한 학문과 얼마나 어울리지 않는 것인지는 너무도 잘 알려진 일반 현상 하나를 언급하는 것으로도 충분하다. 우유牛乳의 본성이 무엇인가 하는 질문을 받은 한 자연학자는 여성이 임신했을 때 준비되기 시작하여 앞으로 태어나게 될 동물이 섭취하도록 자연이 마

• •

아무것도 제시할 수 없기 때문이다. 그러므로 신이 어떤 것을 위하여 수단을 마련하려고 했다면, 신은 그 어떤 사물이 없기 때문에 그것을 욕구했음을 그들은 필연적으로 인정하지 않으면 안 된다. 이것은 그 자체로 명백하다."(스피노자, 『에티카』, 1부 부록, 위의 책, 58-59쪽)

목적론에 대한 비판은 여기서 디드로가 명시적으로 내세우고 있는 베이컨은 물론, 데카르트, 스피노자와 같은 고전주의 시대의 사상가들에게서 자주 등장한다. 데카르트는 이미 최종원인에 기내어 '설명하는 일이 자연의 이해뿐 아니라 신학적인 관점에서도 해가 된다고 주장했다. 그는 『철학의 원리(*Principes de la philosophie*)』에서 인간의 유한한 정신의 힘으로 무한한 신이 모든 사물을 창조했던 목적이 무엇인지 알 수 있다고 주장하는 것은 스스로를 과대평가하는 일이라고 말했다.

183. 이런 목적론적인 정의는 18세기 대부분의 사전에 나타난다. 『트레부 사전』과 『아카데미 사전』의 설명은 『퓌르티에르 사전』에서 가져온 것이다. "자연이 여성의 유방에 준비하거나 아이를 먹이기 위해 동물의 젖꼭지에 준비하는 양분." 브넬은 『백과사전』의 「우유」 항목에서 브넬은 디드로의 입장을 취해 "우유를 외적인 특성에 따라 정의하는 것은 불필요하다. 우유를 모르는 사람은 없으니 말이다"(ENC, t. IX, 199)라고 썼다.

련한 양식糧食이라고 대답할 것이다. 그런데 이 정의만을 들었을 때는 우유가 어떻게 만들어지는지에 대해서는 아무것도 알 수가 없다. 이 액체는 어디를 목적지로 삼는지, 그 액체를 생리학적으로 어떻게 생각해야 할지 전혀 생각할 수 없는 것이다. 내가 어떤 남자 중에 젖꼭지에서 우유가 솟았던 이가 있고, 상복부와 유방의 혈관이 접합184되는 경우 월경이 다가올 때 처녀들조차 간혹 불편해 하듯 젖의 분비로 가슴이 부풀어 오른다는 것이 증명되고, 대부분의 처녀들도 젖을 빨도록 두면 유모의 역할을 할 수 있고, 내 눈 앞에 보이는 아주 작은 종의 암컷은 적합한 수컷을 만나본 적도 없고, 교미 한 번 한 적이 없고, 임신 한 번 한 적이 없는 데도 젖꼭지에 젖이 차올라 젖몸살을 덜 때 흔히 쓰는 방법에 도움을 받아야 했을 정도였음을 알고 있지 않은가?185 어떤 해부학자들이 전혀 추잡한 데라고는 없어서 가릴 필요가 없는 우리의 신체

• •

184. 엑쥐페르 조셉 베르탱(Exupère Joseph Bertin, 1712-1781)은 프랑스의 의사이자 해부학자로 과학아카데미에서 1737년부터 상복부와 유방의 혈관의 접합에 대한 연구를 발표했다. 이 두 동맥이 서로 교류하는 것을 본다면 자궁부위와 유선(乳腺)에 친화력이 있는 이유를 알 수 있고, 디드로가 여기서 생각하듯이 우유는 피(血)였다가 유방에 스며들고, 피를 통해 동맥 속으로 옮겨진다는 이론을 뒷받침해준다.

185. 드 조쿠르는「유방」항목에서 처녀가 유모가 되거나, 남자가 젖꼭지에서 젖이 나왔던 사례가 사실이라고 말하고 있다.

몇몇 부분에 자연이 똑같이 흩어 놓았던 그림자를 정숙한 자연에 드리우는 말을 듣는 것은 정말 우스꽝스러운 일이 아닌가? 다른 해부학자들이 생각한 용도는 정숙한 자연에는 영예가 덜될 테지만, 그렇다고 그들의 통찰력에 더 큰 영예를 가져다줄 것도 아니다. 자연학자라는 직업은 가르치는 데 있지 이론을 세우는 것이 아니니 그는 '왜'를 버리고 '어떻게'[186]에만 전념할 것이다. '어떻게'가 존재들에서 끌어오는 것이라면 '왜'는 이해력에서 끌어온다. '왜'는 우리의 체계에 달린 것이고, 지식의 진보에 좌우된다. 최종원인을 과감히 옹호하는 몇몇 사람들이 창조주의 이름을 영예롭게 하고자 뻔뻔히 지어 불렀던 찬가에는 터무니없는 생각들이며, 잘못 된 전제며, 환상에 불과한 개념들이 얼마나 많은가? 그들은

••
186. '왜'와 '어떻게'의 구분은 최종원인과 유효원인의 구분과 같다. 베이컨이 목적론을 비판한 이후("현재 인간의 학문이 얼마나 한심한 상태에 있는지는 널리 인정되고 있는 주장에서도 충분히 알 수 있다. '진정한 지식은 원인으로부터 추론된 지식이다'라는 주장은 옳다. 그 원인을 네 가지로, 즉 질료인, 형상인, 작용인, 목적인으로 구별하는 것도 역시 틀린 것은 아니다. 그러나 그 원인 가운데 목적인은 인간의 행위를 다룰 경우 이외에는 전혀 도움이 되지 않을뿐더러 오히려 학문을 타락시킨다."(『신기관』, II, 2, 위의 책, 142쪽)), 수많은 저자들이 '어떻게'의 문제에 전념해야 한다고 주장하게 된다. 뷔퐁은 생식의 문제에서 이 구분을 다시 취해 '왜'라는 문제를 해결하고자 하는 것은 쓸모없는 일이며, '어떻게'의 문제에 관심을 가져야 한다고 강조한다.

감탄에 사로잡혀 어쩔 줄을 모르는 예언자의 흥분을 나누고 어둠에 잠긴 동안 밤하늘에 빛나는 수많은 별들을 보고 큰 소리로 "하늘은 신의 영광을 노래한다Caeli enarrant gloriam Dei"[187]라고 외치기는커녕, 자기들의 추측에 깃든 미신에 빠져들었다. 그들은 자연의 존재들 자체 속에 있는 전능한 존재를 숭배하기는커녕 자기들의 상상력이 꾸며낸 환영幻影 앞에 머리를 조아리고 말았다. 어떤 이가 편견에 사로잡혀 내 확고부동한 비판을 의심한다면, 갈레노스가 인간의 신체를 구성하는 부분들이 어떤 용도로 사용되는지에 대해 썼던 논고를 부르하버의 생리학과 비교해보고, 부르하버의 생리학을 할러의 생리학과 비교해볼 것을 권한다.[188] 그리고 나는 후세

• •

187. "하늘은 신의 영광을 말한다."(시편 18) 여기서 언급되는 예언자는 다윗이다.

188. 갈레노스(131-201)는 그리스의 의사로, 특히 그의 저작 『인간 신체의 각 부분들의 사용에 관하여 De l'usage des parties du corps humain』는 오랫동안 의학사의 정전으로 간주되었다. 헤르만 부르하버(Boerhaave, 1668-1738)는 네덜란드의 의사이자 화학자로, 디드로는 「해부학」 항목에서 그를 가리켜 "우리 세기의 아스클레피오스"라고 부른 바 있다. 알브레히트 폰 할러(Albrecht von Haller, 1708-1777)는 스위스 출신의 생리학자이다. 디드로는 이 세 명의 저자를 「해부학」 항목에서 언급하고 있다. 이 항목과 연관된 대부분의 도판들은 할러에서 가져온 것이다. 뷔퐁의 『자연사』 첫 세 권에 대한 할러의 『성찰 (Réflexions)』은 1751년에 출판되었다.

사람들에게 할러의 저작의 체계적이고 일시적인 관점과 다가올 세기에 변화를 겪게 될 생리학의 모습과 비교해보라고 권하겠다. 인간은 보잘것없는 시각으로 영원한 존재에 가치를 부여하지만 그 영원한 존재는 높은 옥좌에 앉아 자신의 의도가 무엇이었는지 이해하면서 인간의 어리석은 찬사를 참아주고 인간의 허영을 비웃는다.

LVII

몇 가지 편견들. 자연에 존재하는 사실들에서도, 삶의 정황에서도 우리가 발을 헛디뎌 빠지게 될 함정이 아닌 것은 없다. 나는 모든 국가에서 양식良識을 따르는 것으로 간주하는 저 대부분의 일반 공리公理를 그 증거로 제출한다. "하늘 아래 새로운 것은 없다"[189]고들 한다. 이 말은 조잡한 외관을 바라보는 것으로 만족하는 사람들에게는 사실이다. 하지만 매일같이 눈에 띄지 않는 차이들을 이해해보려고 전심전력을 기울이는 철학자들은 이 격언을 어떻게 받아들이는가? 나무 전체에서 똑같은 초록색[190]이 '뚜렷이' 두드러지는 두 잎이

· ·

189. 전도서, 1장 9절.
190. 디드로는 라이프니츠의 불가식별자(不可識別者) 동일의 원리(le prin-
cipe des indiscernables)를 보여주는 이 일화를 자주 사용했다. 실재하
는 두 존재는 내적인 특성에 따라 언제나 상이하다. 라이프니츠는

없으리라는 점을 확신하게 될 사람이라면 그것을 어떻게 생각해야 할까? 정확히 그러한 색의 미묘한 차이를 만들어내게끔 함에 틀림없는 잘 알려진 수많은 원인들을 깊이 생각하면서, 라이프니츠의 생각을 과장하는 일이 없이, 물체들이 놀랍도록 많은 원인들과 결합되어 자리 잡고 있는 공간을 이루는 상이한 여러 지점을 통해 자연에는 '절대적으로' 동일한 초록색을 가진 두 풀잎은 존재한 적도 없고 앞으로도 존재하지 않으리라고 주장할 사람이라면 그 격언을 어떻게 생각하게 될까? 모든 존재는 눈에 띄지 않는 미세한 차이들을 차례로 거치면서 연속적으로 변화하는 것이라면, 시간은 결코 멈추지 않으니 아주 오래 전에 존재했던 형상들과, 오늘날 존재하는 형상들과, 수많은 시간이 흐른 뒤 존재하게 될 형상들 사이에 결국 가장 커다란 차이를 만들어내는 것은 시간이 아니겠는가. 그래서 "하늘 아래 새로운 것은 없다nil sub sole novum"는 말은 그저 우리가 가진 신체기관에 결함이 있고,

• •

클라크에게 보낸 편지에서 "불가식별한 두 개체는 없습니다. 제 친구들 중에 재사(才士)로 부를 만한 사람이 한 명 있는데 선거후(選擧侯) 부인과 저택 정원에서 저와 함께 만난 자리에서 완전히 동일한 두 잎이 존재할 것이라고 생각했지만 선거후 부인은 이를 인정하지 않았습니다. 그걸 찾아보려고 오랫동안 여기저기 찾아보았지만 헛수고였습니다."(Correspondance Leibniz-Clarke, 1716년 6월 2일의 편지)

우리가 사용하는 도구가 완전하지 못하고, 우리의 인생이 너무 짧기 때문에 만들어진 편견에 불과하다. 도덕에서는 "사람마다 생각이 다르다quoi capita, tot sensus"[191]고들 하지만 사실은 그 반대이다. 문학에서는 "취향을 갖고 논쟁해서는 안 된다"고들 한다. 이를 어떤 이에게 그의 취향은 이러이러 하다고 말하는 것으로 이해한다면 그것은 유치한 생각이다. 이를 좋은 취향도 없고 나쁜 취향도 없다고 이해한다면 그것은 오류에 빠지는 일이다. 철학자는 민중의 지혜에서 나온 이런 공리들을 모조리 진지하게 검토해야 할 것이다.[192]

LVIII. 문제들

등질적이 되기에는 한 가지 방식만이 가능할 뿐이지만, 이질적이 되기에는 무한히 다양한 방식이 가능하다. 나는 자연의 모든 존재들이 완벽하게 등질적인 물질로 만들어졌

· ·

191. 직역하자면 "머릿수만큼 생각이 있다"는 뜻이다.

192. 베이컨은 『신기관』(I, 38 이하)에서 학문의 발전을 가로막는 장애물 중 편견과 편견을 불러오는 모든 것을 "유령(fantômes)"이라고 했다. "인간의 지성을 고질적으로 사로잡고 있는 우상과 그릇된 관념들은 인간의 정신을 혼미하게 할 뿐만 아니라, 우리가 얻을 수 있는 진리조차도 얻을 수 없게 만든다. 그러므로 인간이 모든 가능한 수단을 동원해 용의주도하게 그러한 우상들로부터 자신을 지키지 않는 한, 학문을 혁신하려고 해도 곤경에 빠지고 말 것이다."(베이컨, 『신기관』, I, 38, 위의 책, 58쪽)

다거나 단 한 가지 유일한 색깔로 이들 존재를 모두 표현할
수 있다는 것은 불가능한 일이라 생각한다. 나는 다양한 현상
들이 존재하는 것이 그 어떤 이질성의 결과일 수 없다고 느낀
다. 그러므로 나는 자연에서 일어나는 현상들을 산출하는
데 필요한 다양한 이질적인 물질을 가리켜 '원소'라고 부를
것이고[193] 현재 나타난 일반적인 결과, 혹은 원소들 간에 결합
이 이루어져 연속적으로 나타나는 일반적인 결과들을 '자연'
이라고 부를 것이다. 원소들은 본질적으로 서로 달라야 한다.
그렇지 않다면 등질성에서 모든 것이 산출되어야 했을 것이
다. 그래야 등질성으로 돌아가게 될 테니 말이다. 원소들은
자연적으로나 인위적으로 결합했고, 결합하고 있고, 결합할
것이다. 그때 하나의 원소는 가능한 가장 큰 분할이었고, 가장
큰 분할이고, 가장 큰 분할이 될 것이다. 한 원소의 분자[194]는
마지막 분할의 상태에 놓인다면 더는 절대적으로 분할이 불

· ·

193. 여기서 디드로는 고대 유물론자들에게서 취한 자연의 개념에 찬성
　　하는 입장이다. 자연은 이질적인 상이한 원소들이 결합한 결과이다.
　　다양한 현상을 낳기 위해서 원자들은 서로 상이한 것이어야 한다.
　　돌바크는 1770년에 출판한 『자연의 체계(*Système de la nature*)』에서
　　비슷한 정의를 내린다. "가장 넓은 의미에서 자연은 상이한 물질들
　　의 결합과, 물질들의 상이한 결합과, 우주에서 발견하는 상이한 운동
　　으로부터 비롯한 거대한 전체이다."

194. 분자(Molécule)라는 말은 18세기에 넓은 의미로 "한 물체를 이루는
　　작은 부분"을 가리킨다.(『아카데미 사전』, 1762)

가능한데, 그 분자가 궁극적으로 분할된다는 것은 자연의
법칙에 어긋나고 아무리 훌륭한 기술력으로도 불가능한 일
이므로 머릿속으로만 상상이 가능할 것이기 때문이다. 자연
에서 이루어지는 가능한 최후의 분할의 상태와 기술력을 통
해 가능한 최후의 분할의 상태가 본질적으로 이질적인 물질
들에게는 필경 동일한 것이 아니므로, 집단으로는 본질적으
로 이질적인 분자들이 있지만 분자들 자체에서는 절대적으
로 분할이 불가능하다는 결과가 나온다.[195] 절대적으로 이질
적이거나 아주 단순하다고 간주할 수 있는 물질이 얼마나
되는지 우리는 모른다. 절대적으로 이질적이거나 아주 단순
하다고 간주할 수 있는 물질들의 본질적인 차이가 무엇인지
우리는 모른다 기술의 산물에서든 자연의 제작물에서든 아
주 단순한 물질이 어디까지 분할될 수 있을지 우리는 모른다.
모르고 또 모른다. 내가 기술의 결합에 자연의 결합을 더하는
것은 우리가 모르고 우리가 결코 알 수 없을 무한히 많은
사실들 가운데 아직도 우리에게 모습을 드러내지 않는 한

· ·

195. 이 문장이 의미하는 바는 물질은 이질적이므로 물질은 그것의 가장
작은 부분(원자)의 분자들로 구성되어 있다고 가정해야 한다는 것이
다. 그 분자는 자연적으로든 인위적으로든 더는 나뉘지 않으며, 상이
한 크기(masses différentes)를 갖는다. 여기서 '크기(masse)'라는 말은
자연학의 용어로 쓰였을 때 규모, 굵기, 자연의 총량, 물체의 연장을
의미한다.(『트레부 사전』)

가지 사실이 존재하기 때문이다. 아주 단순한 물질이 자연 자체의 결합과정에서 분할되었고, 분할되고, 분할되는 것보다 어떤 기술적 조작을 가했을 때 보다 더 분할되었고, 분할되고, 분할될지 우리는 모른다. 다음에 제시될 문제들 중 첫 번째 문제를 본다면 내가 왜 몇몇 제안을 하면서 과거, 현재, 미래의 개념을 도입했는지, 왜 내가 자연에 부여한 정의에 연속의 관념을 집어넣었는지 알게 될 것이다.

1

모든 현상이 서로 연쇄되지 않는다면 철학은 존재하지 않는다. 현상들 하나하나의 상태가 영원한 것이 아닐지라도 모든 현상은 서로 연쇄되어 있을 것이다. 그러나 존재들의 상태가 영원히 영고성쇠를 겪고, 자연이 여전히 작업 중에 있다면 모든 현상을 잇는 연쇄가 있더라도 철학은 존재하지 않는다.[196] 우리가 연구하는 자연과학은 말들처럼 일시적이 될 것이다. 우리가 자연사로 보는 것이 그저 한 순간의 대단히

● ●

196. 『달랑베르의 꿈』의 2부에서 착란을 겪는 달랑베르는 "모든 것은 변한다. 모든 것은 사라진다. 남는 것은 전체뿐이다. […] 저 무한히 넓은 물질의 바다에서 똑같이 닮은 두 분자가 있을 수 없고, 한 순간이라도 서로 닮을 수도 없지. […] 오! 우리는 얼마나 오만하게 생각하는 것인가! 오! 우리의 영광과 작업은 얼마나 형편없는 것인가!"라고 말한다.

불완전한 역사에 불과한 것이다. 그러므로 나는 다음과 같이 묻겠다. 금속은 지금 상태 그대로 과거에도 존재했고 미래에도 존재할 것인가? 식물은 지금 상태 그대로 과거에도 존재했고 미래에도 존재할 것인가? 동물은 지금 상태 그대로 과거에도 존재했고 미래에도 존재할 것인가? 오! 회의주의자들이여, 여러분이 어떤 현상들을 깊이 생각해본 뒤, 세계가 창조되었던 것이 아니라 과거에 그랬고 미래에 그렇게 되듯 존재하는 것인지 의심을 한대도 용서받을 수 있으리라.

2

동물계와 식물계에서 한 개체가 시작하는 것처럼, 말하자면 한 개체가 성장하고, 살아가고, 노쇠하고, 죽게 되는 것처럼 그 개체를 포함한 종들도 모두 마찬가지가 아닐까? 우리가 동물이 지금 보고 있는 그대로 창조주의 손에서 나왔던 것임을 종교에서 배우지 않았다면,[197] 동물이 언제 시작되고

· ·

197. 뷔퐁은 『자연사』에 수록한 「당나귀」장에서 다음과 같은 논의를 통해 종(種)들이 서로 변화한다는 생각을 단호히 반대한다. "결코 그렇지 않다. 신의 계시로 모든 동물은 똑같이 신의 은총의 결과인 창조에 참여했으며, 종(種) 하나하나와 모든 동물 종의 첫 번째 두 개체는 신의 손에서 나올 때 완전히 형성을 끝낸 채 나타났다는 점이 확실하다. 이 첫 번째 두 개체는 그 둘로부터 이어져 내려온 후손들이 현재 보여주는 것과 거의 동일하다고 생각해야 한다."

언제 끝나는지가 확실치 않다는 점을 조금이라도 의심할 수 있었다면 이러한 추측에 몰두한 철학자는 동물이 물질 전체에 흩어져 섞여 있는 개별적인 원소들을 영원히 가지고, 그것이 가능했기 때문에 이들 원소가 결합하게 되었고, 이들 원소가 형성한 배胚는 무한히 여러 단계의 조직과 성장을 거쳐 왔고, 운동, 감각, 관념, 사유, 성찰, 의식, 감정, 정념, 기호, 몸짓, 음音, 분절음, 언어, 법, 학문, 기술이 연속적으로 존재해왔고, 이들이 하나하나 발전하는 데 수만 년이 흘렀고, 우리가 아직 모르는 다른 발전들과 다른 성장들을 겪게 될 것이고, 답보상태가 있었거나 있을 것이고, 그 능력들을 갖추게 되었던 것처럼 앞으로 잃게 되는 영원한 쇠퇴를 겪는 과정을 통해 그 상태에서 멀어지거나 앞으로 멀어지게 되고, 결국 영원히 자연에서 사라지거나 다른 형태로 또 지속의 그 순간에 볼 수 있는 것과는 다른 능력을 갖추고 계속 존재할 것이리라는 점을 의심할 수 없지 않을까? 종교를 따르게 되면 일탈할 위험도 줄어들고 과도한 연구도 줄여준다. 종교가 세계의 기원이 어떠했고, 존재의 보편 체계는 어떠한지 밝혀주지 않았더라면 자연의 비밀로 보아야 할 얼마나 많은 상이한 가설이 있을 것인가? 이 가설들은 하나같이 전부 오류인 것이니 우리에게는 거의 똑같이 그럴법해 보일 수 있다. '왜 어떤 것이 존재하는가'의 문제는 철학이 제기할 수 있는 가장 난감한 문제이며, 이 문제에 답할 수 있는 것은 그저 계시뿐이다.

3

동물들과 동물이 짓밟고 다니는 맨땅에, 유기분자와 유기분자가 살아가는 액체에, 극미 벌레들에, 극미 벌레들을 낳고 둘러싸는 물질에 눈길을 돌려본다면 물질 일반은 활동하는 물질과 활동하지 않는 물질로 구분된다는 점이 명백하다.[198] 그런데 물질은 어떻게 하나의 물질이 아니라, 활동하는 물질이나 활동하지 않는 물질이 되는 것일까? 활동하는 물질은 항상 활동하는가? 활동하지 않는 물질은 항상 그리고 실제로 활동하지 않는가? 활동하는 물질은 결코 활동을 끝내는 법이 없는가? 활동하지 않는 물질은 결코 활동하기 시작하는 법이 없는가?

4

활동하는 물질과 활동하지 않는 물질의 차이에 유기적인 조직과, 운동의 실제적이거나 가상의 자발성과 다른 것을

198. "내가 보기에 물질을 일반적으로 두 가지로 구분해야 한다면 유기체와 무기체가 아니라 활동하는 물질(matière vivante)과 활동하지 않는 물질(matière morte)로 나누어야 한다."(뷔퐁, 『자연사』, I, 446)

정할 수 있는가?

5

활동하는 물질이라 부르는 것은 그 자체로 활동하는 물질일 뿐인가? 활동하지 않는 물질이라 부르는 것은 다른 물질을 통해 움직이게 되는 물질이 아닐까?

6

활동하는 물질이 그 자체로 활동하는 물질이라면 그것은 활동을 멈추지 않고서야 어떻게 운동을 멈출 수 있는가?

7

그 자체로 활동하는 물질과 그 자체로 활동하지 않는 물질이 존재한다면 이 두 원리만 갖고 모든 형상과 모든 현상을 전부 산출할 수 있는가?

8

기하학에서 허수량虛數量과 존재량存在量을 결합하면 상상의 전체가 만들어진다. 그런데 자연에서는 활동하는 물질의 한 분자와 활동하지 않는 물질의 한 분자가 결합하면 그 전체는 활동하는 것이 될까, 활동하지 않는 것이 될까?

9

집합체가 활동할 수도 있고 활동하지 않을 수 있다면 그것은 언제 그리고 왜 활동하게 되는 것이고, 언제 그리고 왜 활동하지 않는 것이 될까?

10

활동하든 활동하지 않든 그 집합체는 어떤 형태를 띠고 존재한다. 그 집합체가 어떤 형태를 띠고 존재한다면 어떤 원리에 의해서일까?

11

주형鑄型은 형상의 원리인가?[199] 주형이란 무엇인가? 실새

---

199. "한 동물의 몸은 내적인 주형(moule intérieur)과 같아서, 주형 내부에 성장하는 데 사용되는 물질이 빚어지고 전체와 동화된다. 부분들이 맺는 질서와 비례에 아무런 변화가 일어나지 않아도 서로 분리되어 취해진 하나하나의 부분이 증가하게 되는데 이러한 증가를 발육이라고 한다. 아주 큰 상태로 완전히 형성을 끝낸 동물처럼 아주 작은 상태로 완전히 형성을 끝낸 동물에게서 그 부분들 각각이 부수적인 물질이 증가함에 따라 그 동물을 구성하는 부분들이 발육한다는 점을 이해하기 어렵지 않다고 한다면 이 점을 잘 설명할 수 있다고 생각한다."(뷔퐁, 『자연사』, I, 418쪽) 뷔퐁은 '내적인 주형'이라는 개념으로 유기체가 양분을 섭취하여 유기분자를 소화하여 자신의

하는 것인가 선재先在하는 것인가? 활동하거나 활동하지 않는 물질과 결합한 활동하는 분자가 갖는 에너지의 관념적인 한계, 모든 방향에서 발산하는 에너지와 모든 방향에서 작용하는 저항이 이루는 관계에 따라 결정된 한계라고 해야 할까? 실재하면서 동시에 선재하는 존재라면 그것은 어떻게 형성되었는가?

• •

조직으로 만드는 과정을 설명하려고 한다. 아이가 가진 작은 폐는 섭취한 양분에서 나와 소화된 유기분자에 폐의 분자의 형태를 입히게 되는 내적인 주형을 사용하게 된다. 그러나 내적인 주형의 개념은 발육의 문제도 다루지만 생식의 문제도 다룬다. 아이가 성인이 되었을 때 아이의 폐는 일정한 크기에 이르러 더는 커지지 않게 되어 폐(肺)의 분자들은 여분으로 남게 된다. 그렇게 되면 이 여분의 분자들은 남성과 여성의 생식을 담당하는 부분으로 보내진다. 부모가 서로 정액을 섞게 되면 분자들은 앞으로 아이가 될 새로운 존재에서 즉각 자기 자리를 찾게 되어, 부모의 폐를 물려받게 된다.

하지만 디드로는 '내적인 주형'의 개념으로 해결되는 것보다 난점이 더 많은 것은 아닌지 문제를 제기한다. 내적인 주형이라는 것이 도대체 무엇인지 충분히 설명되지 않았기 때문에 유기체보다 초월적인 형상이 미리 존재하여 물질을 조직한다고 봐야 하는지의 문제가 제기된다. 이는 두말할 것 없이 섭리주의적인 가설을 따르는 것이다. 아니면 활동하는 물질(matière vivante) 하나하나에 고유한 에너지가 내재해 있는 것일까? 확실한 것은 뷔퐁이 내적인 주형 개념을 종(種)이 고정되어 있음을 확인하고 있으며, 적어도 이 점에서 연속적인 일탈을 통해 종이 다양화되는 과정을 주장했던 모페르튀의 입장과 대립한다는 것이다.

12

어떤 활동하는 분자의 에너지는 그 자체로 변화하는가, 아니면 그 분자와 결합한 활동하거나 활동하지 않는 물질의 양, 질, 형태에 따라서 변화하는 것인가?

13

활동하는 물질과 특별히 구분되는 다른 활동하는 물질이 있는가? 아니면 활동하는 모든 물질은 본질적으로 하나이고 전체에 적합한가? 나는 활동하지 않는 물질에도 똑같은 질문을 던진다.

14

활동하는 물질은 활동하는 물질과 결합하는가? 그 결합은 어떻게 이루어지는가? 그 결과는 어떤 것인가? 나는 활동하지 않는 물질에도 똑같은 질문을 던진다.

15

모든 물질을 활동한다거나 모든 물질을 활동하지 않는다고 가정할 수 있다면 활동하지 않는 물질이나 활동하는 물질과는 다른 존재가 있을 것일까? 아니면 활동하는 분자들은 생명을 잃은 뒤 다시 생명을 취하고 또 다시 잃고, 이런 식으로 무한히 계속할 수 있을까?

　내가 인간의 작업에 시선을 돌려, 사방에 지어진 도시들을, 사용된 모든 요소들을, 고정된 언어들을, 개화된 민족들을, 건설된 항구들을, 항해했던 바다들을, 측정된 지구와 하늘을 바라볼 때 내게 세상은 대단히 오래된 것으로 보인다. 사람들이 의학과 농업의 제일원리들, 대다수 실체들의 속성, 인간을 고통스럽게 하는 질병들의 지식, 가지치기剪枝, 쟁기의 형태를 불확실한 것으로 본다는 것을 내가 알았을 때 지구에는 사람이 어제에만 살았던 것처럼 보인다. 인간이 현명했다면 물질적인 안락을 추구하는 데 관련된 연구에 몰두하고, 내가 제시한 하찮은 질문에는 아무리 빨라도 천 년 후에나 답변할 것이다. 아니면 사람들이 차지하는 자리가 얼마나 작은지 그들이 누리는 시간이 얼마나 짧은지 끊임없이 생각하면서 내가 말한 그런 질문에는 결코 답변하지 않을지도 모른다.

고찰[200]

　젊은이여, 나는 '인력과 같은 특성은 그 작용의 영역이 그 무엇으로도 제한되지 않는다면 무한히 연장된다'고 말했네.

..

200. 이 "고찰"은 1754년판에 추가되었다.

자네가 다른 이에게 그런 말을 하면 "그런 특성은 균일하게 연장된다고 말한 것이나 다를 바가 무엇이냐고" 반박을 받을 것이네. 여기에 더해 "어떻게 어떤 특성이 먼 거리에서 아무런 매개도 없이 작동하는지 이해할 수 없지만, 터무니없는 생각은 아니며, 과거에도 터무니없었던 생각이 아니었다거나, 한 가지 터무니없는 생각이 있다면 그 특성이 다양한 방식으로 다양한 거리를 취하여 진공에서 작동된다고 주장하는 것이고, 그러므로 물질의 한 부분의 내부에서든 외부에서든 인력의 작용을 다양하게 만들 수 있는 것은 전혀 발견할 수 없고, 데카르트, 뉴턴, 고대와 현대의 철학자들은 모두 진공상태에서 하나의 물체에 가장 작은 운동량이 가해진다면 균일하게 무한히 직선 운동을 하게 되리라고 가정했고, 그러므로 거리 그 자체는 장애물도 매개물도 아니고, 작용이 가해졌을 때 거리에 비례하건 반비례하건 일정한 비율에 따라 변하는 모든 특성은 반드시 에테르가 채워진 공간과 입자철학으로 귀결하고, 진공을 가정하면서 어떤 원인이 가변성을 갖는다고 가정하는 것은 서로 모순된 두 개의 가정이다[201]라고 말할 것이네.

• •

201. 디드로는 여기서 뉴턴의 인력 이론과 관련된 형이상학적 난점들을 부각한다. 우선 어떤 작용이 먼 거리에서 이루어진다고 생각하기 어렵다. 운동은 충돌을 전제한다는 점에서 출발하는 고전 역학의 틀에서 이렇게 먼 거리에서 이루어지는 작용이라는 개념은 신비적

자네가 이런 난점들을 마주하게 된다면 뉴턴주의자를 찾아가 답변을 들어보라고 하겠네. 솔직히 말하면 나 역시 이런 난점을 어떻게 풀 수 있을지 모르기 때문이네.

••
인 성질(qualités occultes)을 복원하고자 한다는 의혹을 살 수 있다. 하지만 여기서 디드로가 강조하는 난점의 본질은 그러한 데 있지 않다. 먼 거리에서 이루어지는 작용이 존재한다는 점을 받아들인다면 고전적인 뉴턴의 공식에 따라 인력은 왜 거리의 제곱에 반비례하여 작용하는가? 진공의 공간에서라면, 어떻게 이 진공 상태에서 먼 거리에서 이루어지는 이 작용이 전파되는 것을 막는 결과가 나올 수 있는가? 그래서 데카르트의 이론과 입자 철학에서처럼 진공이 아닌 에테르로 채워진 공간을 전제해야 하지 않을까? 이 난점을 생각해보면 『자연의 해석에 대한 단상들』의 첫 부분에 등장하는 방법론의 근본적인 원칙으로 돌아가 보게 된다. 뉴턴의 가설처럼 뛰어난 것이라고 해도 '가설과 사실은 다른 것'이다.

자연의 관조에서 자연의 해석으로

이 책은 드니 디드로의 『자연의 해석에 대한 단상들*Pensées sur l'interprétation de la nature*』을 완역한 것이다. 번역의 대본으로 는 Diderot, *Pensées sur l'interprétation de la nature*, éd. Colas Duflo, GF-Flammarion, 2005를 이용했으며, 에르만 출판사에서 나온 『디드로 전집』(Diderot, *Œuvres complètes*, éd. Herbert Dieckmann, Jacques Proust, Jean Varloot, t. IX, 1981)을 같이 보았 다.

『백과사전』의 3권이 출판된 직후인 1753년 11월에 『자연의 해석에 대하여*De l'interprétation de la nature*』라는 소책자가 익명으 로 출판되었다. 물론 저자는 디드로로 알려졌다. 그런데 디드 로는 위 저작의 출판 직후 약 두 달 동안 대폭 수정을 가하고, 제목에 『단상들*Pensées*』을 추가하여 개정판을 내놓는다. 이 두

판본 사이에 큰 차이가 있는데 본 번역은 1754년 1월에 나온 개정판을 기본으로 했지만, 초판과 내용이 달라진 부분은 각주를 통해 구분했다.

『메르퀴르 드 프랑스*Mercure de France*』 1754년 1월호에 실린 서평에는 디드로가 개정판에서 바꾼 제목이 제시되어 있다. 이 월간지 서평 담당자는 "이 새로운 저작은 디드로 씨의 다른 모든 저작에서처럼 통찰력과 열정, 철학과 천재가 가득 담겼다"[1]는 말로 본 저작의 가치를 높이 평가했다. 그러나 소위 '철학자들les philosophes'의 적이었던 프레롱은 자신이 창간한 『라네 리테레르*L'Année littéraire*』지에서 디드로의 위 저작에 혹평을 가했다. 그는 "프랑스에서 철학 연구가 문예보다 중시되기에 이르렀다. 더없이 형편없는 작가라도 철학자로 받아들여지기를 바란다. 이는 질병이나 다름없고, 더 잘 표현하자면 시대의 광기라 할 것이다"라고 말하면서 "나는 『자연의 해석에 대한 단상들』(이하 『자연의 해석』으로 표기하기로 함)의 저자가 우리의 후손들에게 성공적으로 받아들여지리라고 생각하지 않는다. 그의 재기며, 걸출한 천재며, 이렇게 말할 수 있다면 방대하고 심오한 지식이 부족해서는 아니다. 그런 모든 것을 갖추고서 어찌 형편없는 저작이 나올 수 있겠는가. […] 그는

• •

1.   *Mercure de France*, janvier, 1754, 130쪽.

순전히 지성적인 인물이며, 늘 그렇게 지내라고 충고하겠다."[2]

결국 프레롱은 디드로 저작의 난해성을 지적하고 있다. 19세기 작가 쥘 바르베 도르비이도 역시 프레롱의 의견을 따른다. 데카르트의 명증성을 금과옥조로 여기는 작가들에게 디드로의 문체와 체계는 결코 받아들일 수 없는 것이었다. 쥘 바르베 도르비이는 디드로의 『자연의 해석』을 평가하며 "체계의 엄격함도 통일성도 없다"고 잘라 말한다. "디드로의 머리는 체계라는 것을 혐오한다. […] 『자연의 해석』은 체계가 아니라, 구성도 없이, 맥락도 없이, 추론도 없이 자연에 대해 두서없이 늘어놓은 책에 불과하다. […] 형편없는 작품이었으니 출간되었을 때 누구도 이 책에 현혹된 자가 없었다!"[3]

쥘 바르베 도르비이가 18세기 철학자들에 대해 견딜 수 없는 혐오감을 가졌던 점을 감안하더라도 확실히 『자연의 해석』의 난해함과 아포리즘 형식으로 된 통일성의 결여의 문제는 디드로 연구자들에게도 여러 차례 지적되었다. 자신의 입장을 뚜렷하게 개진하는 대신, 상이한 입장과 체계를 뒤섞어 놓는 것 같은 디드로의 문체는 그의 사상에 대한 다양한 해석과 수많은 토론을 낳은 원인이다. 디드로의 '체계'를 '무신론적 유물론'으

· ·

2. *L'Année littéraire*, 1754, 14쪽(Franco Venturi, *Jeunesse de Diderot*, Paris, Albert Skira, 1939, 311쪽에서 재인용).

3. Jules Barbey d'Aurvilly, *Gœthe et Diderot*, Paris, E. Dentu, 1880, 155쪽.

로 요약하는 데 대부분의 연구자들이 동의하고 있기는 하지만, 그가 이런 입장을 견지했던 동시대 철학자들과 같은 '학파'로 뭉뚱그려질 수 있다고 생각하는 연구자도 없다.

분명 디드로의 '난해성'은 프레롱이 지적했던 대로 작가의 "방대하고 심오한 지식"에 기인한다고 하겠다. 그렇지만 디드로 역시 『자연의 해석』 40절에서 독일 화학자 "슈탈의 몇몇 작품과 뉴턴의 『수학적 원리』에 두루 보이는 모호함"(102쪽)을 비판하고 있지 않던가? 그는 그들이 "한 달만 노력했어도 그 저작의 내용을 분명하게 설명할 수 있었을 것"이며 "그 한 달의 노력만으로 수많은 재사들이 기울여야 했던 공부와 노고를 절약해줬을 것"(103쪽)이라고 말하지 않던가?

그렇지만 디드로가 슈탈과 뉴턴을 비롯한 대가들의 모호함과 난해성을 비판하는 것은 그들의 저작이 갖는 '추상성' 때문이지, 저작을 교육의 정도와 무관하게 모든 사람이 간단히 이해할 수 있도록 대중화해야 한다는 것은 아니다. 『자연의 해석』 19절에서 디드로가 철학의 유용성만을 따지는 "범속한 정신을 가진 사람들"(44쪽)을 비판하는 이유가 여기 있다. 그가 철학을 "실험철학과 합리주의 철학"(48쪽)으로 구분하는 것은 이 두 가지 방법이 학문의 진보를 가능케 하는 양 날개와 같다고 보기 때문이다. 합리주의 철학자들은 실험철학자들이 두서없이 자연의 현상들에 몰두한다고 비판한다. 그렇지만 합리주의 철학자들이 내세웠던 진리를 토대부터 무너뜨리는 사람들은 무수한 실험과 경험을 끈기 있게 반복하는 실험철학자들이지 않았던가? 그러므로 디드로는 연구실에 앉아 추론에 추론을 거쳐 사태를 추상화하는 데 이르는 합리주의 철학자들의 작업도 중요하지만, 구체적인 자연 현상들을 마주치고, 의문을 품고, 실험을 거듭하여 이해하는 실험철학의 작업을 위해서는 우선 연구실 밖으로 나가 자연을 마주치기부터 해야 한다고 주장하는 것이다.

이런 점에서 디드로와 그의 필생의 작업 『백과사전』에 담긴 영국 철학자 프랜시스 베이컨의 영향력을 지적하는 일은 중요하다. 디드로는 『자연의 해석』을 『신기관Novum Orga num』을 비롯한 베이컨의 여러 지각처럼 아포리즘 형식으로 쓴 것은 물론이고, 베이컨의 저작에 부제로 자주 등장했던 '자연의 해석'을 그의 저작의 제목으로 삼았다. 아울러 베이컨이 『신기관』을 2부로 나누어 1부에서는 학문 발전을 가로막는 네 가지 우상을 논박한 뒤, 2부에서 우상에서 벗어난 인간의 정신이 올바른 방법을 통해 규명해야 할 학문의 여러 핵심 사안들을 제시하고 있다면, 디드로 역시 『자연의 해석』의 2부라고 부를 수 있는 32절부터 58절에 '사례들Exemples'과 '문제들Questions'을 배치해 동시대 과학이 시급히 검토하고 해결해야 할 문제들을 요약했다는 점에서 구성상의 유사성도 확인할 수 있다.

이런 맥락에서 디드로와 달랑베르가 『백과사전』의 체계와 이념을 베이컨에게서 가져왔음은 널리 알려져 있다. 달랑베르는 『백과사전』 1권 앞에 실은 긴 「서문Discours préliminaire」에서 학문의 진보를 가져온 근대 사상가들 중 베이컨의 이름을 제일 먼저 올리며 그의 저작들은 "대단히 정당하게 평가되었고, 알려진 이상으로 평가되었지만 아직도 우리의 찬사를 받아야 하는 이상으로 독서를 해야 할 가치가 있다"고 썼다. 여기서 다소 길지만 달랑베르가 베이컨에게 보내는 찬사를 그대로 옮겨보겠다.

칠흑 같은 어둠속에서 태어난 베이컨은 많은 사람들이 철학에 뛰어난 두각을 보였다고 자부하고 있지만 아직도 철학은 존재하지 않는다고 생각했다. 한 시대가 무지할수록 알 수 있는 모든 것을 다 배웠다고 생각하기 때문이다. 그래서 그는 자연학의 모든 분야의 다양한 대상들을 개괄적으로 검토하는 것으로 시작해서, 이들 학문을 다양한 분과로 나누고, 그 분과들을 가능했던 만큼 정확하게 열거했다. 그런 뒤 이들 대상 하나하나에 대해 이미 알려져 있던 것을 검토하고, 아직 더 발견되어야 할 것으로 남아 있었던 것의 광범한 목록을 작성했다. 이것이 그의 놀라운 저작 『인간 지식의 존엄과 증진에 대하여』가 내세운 목적이다. 그는 『신기관』에서 전작에서 제시했던 관점들을 개선하여, 이를 더 멀리 밀고 나가서 실험물리학이 필요함을 깨닫게 해주었다. 그는 모든 체계들에 맞서서 철학을 우리가 가진 지식들의 일부로만 고려했다. 체계들의 적으로서 그는 철학을 오로지 우리가 더욱 훌륭해지고 더욱 행복해지는 데 공헌해야 하는 지식들의 부분으로 고려할 뿐이었다. 그는 철학을 유용한 것들의 학문으로 한정하는 것 같으며, 어디에서나 자연의 연구를 권장하고 있다. 그는 다른 저작들 역시 동일한 계획 하에 썼다. 그 저작들의 제목까지도 어느 것 하나 그의 천재성을, 대국적으로 보는 정신을 드러내지 않은 것이 없다. 그의 저작들에서 그는 사실들을 모으고, 이를 경험과 비교하여 앞으로 해야 할 수많은 사실들을 지적한다. 그는 학자들에게 기술을 연구하고 개선하도록 제안했다. 기술이야말로 그가 본 인간학의 가장 고상하고 본질적인 분야였다. 그는 인간에게 득이 될 가치를 지닌 다양한 대상들에 대해 자신이 제시한 가설과 사상을 고상하고 단순하게 제시했다. 테렌티우스의 극에 나오는 저 노인과 같이 인류와 관련된 것으로 그가 모르는 것이 없었다고 말할 수도 있을 것이다. 자연, 도덕, 정치, 경제와 관련한 학문 전체가 저 심오하고 명석한 정신의 능력 범위에 있는 듯했다. 우리는 그가 다룬 주제에 확산시킨 풍요로움을 제일 찬미해야 할지, 그가 말하는 위엄 넘치는 방식을 제일 찬미해야 할지 잘 모르겠다. 그의 글과 비교의 대상이 될 수 있는 것이라면 의학 분야에서 히포크라테스가 남긴 저작뿐이다.

인간에게 정신의 도야가 건강의 보존만큼 값진 것이라면 두 사람은 동등하게 찬미의 대상이 되어 동등하게 읽혔을 것이다. 하지만 모든 종류의 분파의 수장들의 저작이어야 화려하게 빛날 수 있을 뿐이다. 베이컨은 그런 분파들에 속하지 않았고 그의 철학의 형식은 그들과 반목했다. 베이컨의 철학은 너무도 현명했던 것이라 누구도 놀라지 않았다. 그 시대에 지배적이었던 스콜라 철학을 넘어뜨릴 수 있었던 것은 과감하고 새로운 의견뿐이었다. "이걸 보면 당신네들이 배운 것이 얼마나 적은가를 알 수 있고, 이걸 보면 당신네들이 찾아야 할 것이 얼마나 많은가를 알 수 있다"고 말하는 것으로 만족한 철학자가 동시대 사람들의 입방아에 오를 운명을 맞을 것 같지는 않다. 우리가 그토록 숭고한 천재를 얼마나 조심스럽게, 얼마나 집요하게 판단해야 하는지 몰랐다면, 감히 말해보건대 우리는 국새상서 베이컨이 너무 소심했다고 할 수 있을지 모르겠다. 베이컨은 스콜라 철학자들이 하찮은 문제들을 다루면서 학문을 무기력하게 만들었으며, 정신이 개별 대상들만을 연구하게 되면 일반 존재들의 연구를 소홀히 하기 마련이라고 말했지만, 그 역시 스콜라 철학의 원리들과 그 당시 유행처럼 쓰던 구분과 하위구분들을 통해 스콜라 철학의 용어들을 빈번하게 사용하면서 그 시대의 지배적인 취향이 되기에는 너무도 신중하고 너무도 예의를 차렸던 것은 아닌가 한다. 수많은 족쇄를 끊은 뒤에도 저 위대한 베이컨은 그가 아직 끊을 수 없었거나 감히 그러지 못했던 몇몇 사슬에 여전히 묶여 있었던 것이다.

우리는 이 자리에서 앞서 언급했던 백과사전의 갈래arbre ency-clopédique를 국새상서 베이컨에게서 가져온 것임을 밝힌다. 이 갈래는 본 서문의 말미에 다시 등장할 것이다. 우리는 이 점에 대해서 「취지서」의 여러 곳에서 언급한 바 있다. 우리는 다시 이 문제를 다룰 것이고 틀림없이 재론할 기회가 있을 것이다. 그러나 우리는 이 자리에서 우리가 스승으로 모시는 저 위대한 인물을 고스란히 따라야 한다고는 생각하지 않았다. 우리가 베이컨이 한 것처럼 이성을 상상력 다음에 두지 않았던 것은 우리가 백과사전의 체계에서 따랐던 것은 문예부흥시대 이후 이루어진 진보의 역사적인 순서보다는 정신이 작용하는 형이상학의 순서를 따랐기 때문이다. 역사적인 순서는 어떤 지점까지 저 유명한 베이컨이 말하고 있듯이 인간 지식을 조사해서 열거했을 때 아마 고려했었을 순서였다. 더욱이 베이컨의 구상은 우리의 것과 같지 않으며, 학문은 이미 엄청난 진보를 이루었으니 우리가 간혹 다른 길을 택했더라도 놀랄 일은 아니다.

그래서 우리가 일반적인 배치의 순서를 변경하고, 이미 말했듯이 그렇게 변경한 이유를 말한 것 말고도, 어떤 점에서 이 구분을 더 멀리 밀고 나갔다. 특히 수학과 개별 자연학의 분야에서 그랬다. 다른 한편 우리는 베이컨이 마지막 가지들에 이르기까지 따르고 있는 어떤 학문들의 구분을 넓히지 않도록 주의했다. 이 가지들은 우리의 『백과사전』에 고스란히 들어가야 하겠지만 그렇게 되면 아주 불필요하게 일반 체계에 부담이 될 수도 있다고 우리는 생각한다. 독자 여러분은 우리가 제시한 백과사전의 갈래 다음에 바로 영국 철학자의 갈래를 봐주시기를 바란다. 그 방법을 통해 우리가 베이컨에게서 빌려온 것과 우리가 제시한 것을 가장 쉽고 간단히 구분할 수 있다.[4]

그렇지만 베이컨에 대한 달랑베르와 디드로의 입장은 양면적이다. 『백과사전』의 두 책임 편집자들은 문예부흥 시대에 낡은 스콜라 철학의 굴레를 벗어나는 데 베이컨의 철학이 얼마나 큰 기여를 했는지 인정하는 동시에, 『백과사전』이 그의 학문분류체계에 큰 도움을 받았음을 숨기지 않는다. 그러나 베이컨의 저작과 『백과사전』 사이에는 백삼십 년의 시간 차이가 있으며 이 사이에 베이컨이 생각했던 학문체계와 디드로와 달랑베르가 생각하는 학문체계 사이에는 엄청난 차이가 있을 수밖에 없었다. 더욱이 베이컨은 아리스토텔레스의 논리학 체계를 맹목적으로 따르는 스콜라 철학을 극복하기 위해 새로운 논리학novum Organum의 프로그램을 제시했을 뿐이지만, 이

• •

4. D'Alembert, Discours préliminaire, ENC t. I, xxiv-xxv.

시대에 디드로와 달랑베르는 그의 기획과는 비교할 수 없는 '지식의 연쇄'로서의『백과사전』의 편찬에 전력을 기울이고 있는 것이다.

확실히 디드로와 달랑베르는 당대에 무난히 받아들여질 수 있는 베이컨의 철학 이념과 체계를 방패로 삼고자 했다. 베이컨이 당대 공식적인 학문의 방법으로 인정되었던 스콜라 철학을 '자연의 해석'을 가능케 하는 인간의 능력을 계발함으로써 극복하고자 했다면, 디드로는 학문으로서는 자기 임무를 다했지만 이데올로기적으로 여전한 영향력을 행사하고 있는 신학과 형이상학을 18세기에 큰 발전을 보고 있었던 '실험과학'의 힘으로 무너뜨리고자 했다. 이런 점에서 디드로가『자연의 해석』의 앞부분에서 '수학의 시대의 종언'을 선언한 근거를 엿볼 수 있다. 엄밀히 말해서 디드로는 수학이 더는 필요 없다고 말하는 것이 아니라, 수학이 동시대 실험과학보다 더는 우위를 점하지 못하며, 실험과학의 각 분과들이 수학의 시녀로 간주되어서는 안 된다고 주장하고 있다고 해야겠다. 디드로는 이 책에서 데카르트주의자들이 자연학을 간단한 수학식으로 환원하고자 하는 경향을 일러 합리주의 철학이라고 부른다. 그는 기하학으로 대표되는 수학의 방법과 동시대에 큰 진보를 보았던 의학, 생리학, 화학, 자연사의 분과들이 채택해야 하는 방법이 다를 수밖에 없음을 분명히 한다. 직관적으로 세계를 간단한 수식으로 환원하는 수학의 세계와 크고 작은 무한한 차이들을 가진 개체들을 일일이 다뤄야 하는 실험과학의 세계가 같을 수 없다. 디드로는 수학적 방법이 필연적으로 형이상학의 안정적인 체계 안에 안주할 수밖에 없음을 정확히 보았다. 개체들의 개별성과는 무관하기에 어떤 예외도 받아들여지지 않고, 조화롭고 명증한 불변의 원리를 전제하는 수학의 세계는 결국 절대자로서의 신의 존재와 그의 최종원인을 확신하는 데 이르고 말기 때문이다. 결국 디드로가 자신의 저작에『자연의 해석』이라는 베이컨의 주제를 내세운 것은 자신의 방법을 자연의 운행을 주재하는 영원한 질서와 안정적인 조화를 찬양하는 동시대 '자연의 관조자'들과 명확히 구분하기 위해서이다. 디드로는『자연의 해석』56절에서 자연의 관조자들과 자연의 해석자의 근본적인 차이를 아래와 같이 정리한다.

자연의 관찰자와 자연의 해석자의 근본적인 한 가지 차이는 감각과 도구의 한계 때문에 관찰자가 포기하는 지점에서 해석자가 출발한다는 데 있다. 해석자는 존재하는 것을 통해 존재해야 하는 것을 예견하고, 사물의 질서에서 출발하여, 추상적이고 일반적인 결론을 이끌어내지만, 그것은 그에게는 명백히 감각적이고 개별적인 진리로 받아들여진다. 자연의 해석자는 질서의 본질 자체에 이르러, 감각을 갖고 사유하는 한 존재와 어떤 것이

되었든 원인과 결과의 연쇄가 순수하고 단순하게 공존한다고
해서 그것으로 절대적인 판단을 내리는 데 충분치 않다는 점을
깨닫고 거기서 멈춰 서게 된다. 한 발만 더 내딛었다면 자연을
벗어날 수도 있을 것이다.(138쪽)

디드로에게 자연의 관조자들은 곤충학자 레오뮈르나, 자연
사가로 아홉 권으로 이루어진 『자연의 스펙터클 혹은 젊은이
들에게 호기심을 불러일으켜 정신을 도야하는 데 더없이 적합
한 자연사의 특성에 대한 대화들*Spectacle de la nature, ou Entretiens
sur les particularités de l'histoire naturelle qui ont paru les plus propres
à rendre les jeunes gens curieux et à leur former l'esprit*』(1732- 1742)의
저자 플뤼쉬 신부 등을 가리킨다. 특히 디드로는 『자연의 해
석』여러 곳에서 끈기 있는 곤충의 관찰자이기는 해도 결국
섭리주의의 결론을 내리는 것으로 만족하는 과학아카데미의
레오뮈르를 "평생을 바쳐 곤충을 관찰하면서도 새로운 것은
전혀 보지 못하는 사람"(40쪽)으로 조롱하고 있다. 디드로는
자연의 관조자들이 인간의 지성으로 더는 이해되지 못하는
지점에서 신의 섭리를 내세워 그만 물러서고 만다는 점을 비판
한다. 반면 자연의 '해석자'는 관조자들이 포기한 지점에서
출발하는 사람들로, 자연 안에 연쇄되어 있는 존재들의 범위를
조금씩 확장한다. 이때 해석l'interprétation은 무한한 자연과 협소

한 능력을 가진 인간 사이에inter 서서praesto, 인간의 감각으로 파악된 자연과, 실제 그대로의 자연의 거리를 좁히는 능동적인 작업이다. 물론 해석자가 '실제 그대로의 자연'이 어떤 것인지 밝혀내기란 요원한 일이다. "편견 없는 지성이 없고 불확실하지 않은 감각이 없고 불완전하지 않은 도구가 없"(47쪽)기 때문이다. 해석의 오류가, 누락이, 왜곡이 있을 수 있는 것이다.

그래서 디드로는 해석자는 "절대적인 판단을 내리는" 대신 "거기서 멈춰 서"(138쪽)야 한다고 말한다. 여기가 그가 모페르튀가 바우만 박사라는 가명으로 쓴 『유기체 형성에 대한 시론』에서 동물의 발생 이론을 새로운 방식으로 멋지게 설명했지만 결국 그의 체계를 통해 신의 창조의 원리를 건드리는 데까지 나아간 점을 문제 삼는 곳이기도 하다. 디드로는 모페르튀의 체계가 "더없이 솔깃한 유물론"(130쪽)에 빠졌다고 주장하지만, 이는 결국은 모페르튀가 자기도 모르게 받아들인 모호한 유물론, 즉 그가 생각한 동물 형성 이론 자체의 불충분함을 형이상학의 힘을 빌려 설명하고자 했던 점에 대한 비판이다.

또한 디드로는 마지막 58장의 11절에서 뷔퐁이 제시한 '내적 주형moule intérieur'의 이론을 문제 삼는다. 그는 『자연의 해석』 전반에 걸쳐 뷔퐁을 "우리 시대 가장 위대한 철학자 한 분"(65쪽)으로 높이 평가하지 않던가? 그러나 뷔퐁의 체계가 아무리 훌륭하더라도 그의 체계를 구성하는 핵심 부분인 '내적 주형'의 이론은 디드로에게 여전히 '모호해' 보였다. 과연 동물이 대대로 부모와 같은 신체구조를 가지고 태어나는 까닭은 어떤 '주형'과 같은 것이 있기 때문일까? 그 주형이 실제로 그 역할을 맡는다면 그것이 실재한다고 봐야 할 것이다. 그러나 그 주형은 어디에 있는가? 여기서 디드로는 뷔퐁이 지난 시대 그토록 논의되었던 고루한 영혼의 문제로 후퇴하는 모습을 본다.

디드로의 『자연의 해석』이 난해하다면 그가 베이컨이 됐든, 모페르튀나 뷔퐁이 됐든, 벤자민 플랭클린이 됐든, 부르하버가 됐든 어떤 특정한 과학적인 발견이나 철학적인 방법에 기대고 있지 않기 때문이다. 그가 『자연의 해석』에서 끌어들여 논의한 모든 논의는 당대 누구도 여전히 해결하지 못한 것이니, 그는 그 원인을 합리주의 철학과 실험철학의 공동 작업의 부재에서 찾았다. 어떤 이들은 자신의 능력으로 더는 나아갈 수 없는 지점에 부딪혔을 때 신의 섭리를 내세워 문제를 피해 갔으며, 다른 이들은 그동안의 연구를 버리고 새롭게 유행이 된 다른 학문으로 뛰어들었다. 이런 식이라면 학문의 진보는 요원하며, 전혀 연관이라고는 찾아볼 수 없는 일회적인 실험과 연구의 결과물만이 뒤죽박죽 쌓이고 말 것이다.

그런데 『백과사전』의 첫 세 권이 바로 그러한 상태였다.

『백과사전』이 알파벳 순서로 항목을 배치하고 있지만 예상과
는 달리 첫 권이 출판되고 세 번째 권이 출판되기까지 3년
이상이 걸렸고, 여전히 알파벳 C에 머물러 있었다. 디드로는
『백과사전』의 출간 직전에 배포한 「취지서」에서 그의 『백과사
전』을 총 여덟 권 분량의 텍스트가 되리라 예상했지만 이런
식으로 계속 진행된다면 더 많은 시간이 걸릴 것이고, 더욱이
이 사업이 맞닥뜨린 수많은 소송을 감안한다면 완간을 기대하
기도 어려운 실정이었다. 그러는 사이에 쏟아져 나오고 있는
새로운 지식과 새로운 실험의 결과로 인해 이미 원고로 받아
놓은 『백과사전』의 항목들을 수정하고 보완해야 할 필요성도
점점 높아졌다. 이상이 디드로가 『백과사전』이 맞부딪힌 이
내우외환에 맞서 『자연의 해석에 대한 단상들』을 출간함으로
써 지금까지 나온 세 권의 『백과사전』을 중간 점검하는 한편,
이후 출간이 예정된 나머지 권을 위한 일종의 새로운 학문의
'방법론'을 제시하지 않으면 안 되었던 까닭이다.